L'État, les religions et le sacré

Sacrilège !

L'État, les religions et le sacré

Sacrilège !

Gallimard | Archives nationales

Dans une période où le religieux s'invite dans le débat public, où des attentats sont commis sur le sol français en réaction à des publications et à des actes jugés blasphématoires, et où le pouvoir lui-même est atteint dans sa part de sacralité par de nouveaux mouvements sociaux et politiques comme celui des Gilets jaunes, les Archives nationales ont souhaité présenter, dans une exposition et le présent ouvrage, une grande fresque historique sur le sacrilège, c'est-à-dire sur l'atteinte à ce qui est considéré comme sacré. Une façon de contribuer à la connaissance d'un phénomène polymorphe, inscrit dans le temps long, et à une meilleure compréhension du monde contemporain.

Par le texte et l'image, le visiteur et le lecteur chemineront, du Moyen Âge à nos jours, sur les traces du blasphème, dépénalisé en 1791, de la « lèse-majesté », de la « lèse-nation » révolutionnaire et du délit d'offense au chef de l'État, apparu dans la loi sur la liberté de la presse de 1881 et supprimé en 2013. Ils en découvriront les fondements religieux et politiques. Ils exploreront aussi les effets des Lumières et de la liberté d'expression, un droit constitutionnel inscrit dans la Déclaration des droits de l'homme et du citoyen de 1789, et s'interrogeront sur son actuelle remise en cause au nom du respect des croyants.

Cette exposition et cet ouvrage agitateurs d'idées et fondés sur des sources d'archives inédites n'auraient pu voir le jour sans de nombreuses collaborations. Mes remerciements vont à toutes les institutions qui nous ont permis de présenter des documents, des œuvres et des objets nécessaires à la compréhension et à l'illustration d'un sujet aux formes complexes et changeantes selon les époques : le musée Henri Martin de Cahors, le musée du Louvre, le musée Carnavalet, le musée de Cluny, le musée de l'Imprimerie de Lyon, le musée du Barreau de Paris, le château de Fontainebleau, la Manufacture de Sèvres, la Bibliothèque nationale de France, la bibliothèque de la Sorbonne, la Bibliothèque Mazarine, la bibliothèque de Lyon, la Médiathèque du patrimoine et de la photographie, la Société de l'histoire du protestantisme français et la Fondation de Chambrun ; mes remerciements vont aussi à la Maison du dessin de presse, qui nous a apporté son soutien. Ils vont également, bien sûr, aux auteurs et commissaires de l'exposition, Amable Sablon du Corail et Jacques de Saint Victor, ainsi qu'à Nathalie Droin et Olivier Hanne, qui ont contribué à la rédaction de cet ouvrage. Je voudrais enfin remercier les Éditions Gallimard, qui accompagnent une nouvelle fois les Archives nationales dans une entreprise qui vise à faire découvrir la richesse des archives de la nation et leur apport à la connaissance de notre histoire collective.

Bruno Ricard
Directeur des Archives nationales

Le sacrilège est un acte intentionnel visant à porter atteinte à ce qui est sacré, c'est-à-dire, pour reprendre la définition d'Émile Durkheim, à tout ce qui est protégé ou isolé par des interdits. L'histoire du sacrilège est longue; aussi longue que celle du sentiment religieux et du fait politique. Il y a sacrilège, ou possibilité de sacrilège, depuis qu'il existe des pouvoirs organisés soucieux d'établir une barrière infranchissable entre sacré et profane, gouvernants et gouvernés. Paradoxalement, dans le monde contemporain, il s'agit d'un mot employé fréquemment, mais pour des sujets assez légers et désormais le plus souvent extérieurs au religieux et au politique : on parle de sacrilège en matière de mode, de gastronomie ou de sport. Le plus souvent, le « sacrilège » consiste simplement à prendre le contrepied d'une coutume ou d'une habitude ancienne. En matière artistique, il est une ardente obligation pour tous ceux qui veulent se distinguer des autres... et, bien souvent, le lieu de tous les conformismes.

En revanche, il est une catégorie particulière dont s'est emparé le débat public en des circonstances dramatiques : le sacrilège verbal qu'est le blasphème. Cette attention spéciale s'explique par son histoire particulière en France, première nation en Europe à l'avoir dépénalisé (premier code pénal, 1791). Il bascule alors dans la catégorie du crime imaginaire. Depuis lors, le terme de « blasphème » a été évacué du champ juridique, puis du champ social jusqu'aux années 1980, marquées par un retour en force du prosélytisme religieux et par l'émergence du terrorisme islamiste.

Le présent ouvrage entend d'abord mettre de l'ordre dans une série de mots et de concepts complexes, passés dans le langage courant sans que leur sens ou leur histoire soient nécessairement bien clairs dans l'esprit de ceux qui les manient. Le premier chapitre s'attache donc à définir le sacrilège et la manière dont cette notion s'articule avec d'autres qui lui sont liées, à savoir le blasphème, la lèse-majesté et l'hérésie, et ce dans les trois religions du Livre, dont les croyants composent près des deux tiers de l'humanité.

L'ouvrage retrace ensuite l'histoire du sacrilège en France, en tirant les deux fils rouges que sont d'une part les rapports qu'entretient le pouvoir avec le sacré, d'autre part les relations entre les Églises et l'État. On verra comment, après une longue éclipse, le sacrilège dans toutes ses dimensions refait irruption et s'impose dans le discours politique à la faveur de l'affirmation du pouvoir pontifical sur la chrétienté latine, puis de sa récupération et de son instrumentalisation par le roi de France pour mieux sacraliser son pouvoir, notamment à travers la lutte contre le blasphème et l'hérésie. Le règne de saint Louis et les procès politico-religieux instruits sous le règne de Philippe le Bel constituent à cet égard une rupture majeure et une étape décisive dans la formation d'une « religion royale » (fig. 1).

Le blasphème, qui n'est, en cette fin de Moyen Âge, guère poursuivi dès lors que ceux qui le profèrent ne constituent pas un danger pour le pouvoir royal, prend une signification nouvelle avec les guerres de Religion, particulièrement après l'affaire des Placards (1534), tandis que l'imprimerie démultiplie à l'infini la possibilité de diffuser des thèses jugées hérétiques. L'iconoclasme protestant, qui se déchaîne dès les premières années des guerres de Religion, est la traduction matérielle et visuelle d'un projet visant entre autres à remettre en cause les fondements mêmes de la royauté sacrée (fig. 2).

Par la suite, le pouvoir royal continue de pourchasser l'impiété, mais la signification et la portée du blasphème changent sensiblement au cours du XVIIe siècle. Il n'est plus tant une offense à Dieu susceptible d'attirer le malheur sur un peuple ou sur un royaume – motif invoqué pour la dernière fois en France dans une déclaration de Louis XIV en 1651 – qu'un trouble à l'ordre public, alors que s'impose un peu partout l'idée que l'unification religieuse des États est le meilleur garant de la tranquillité publique (*cujus regio, ejus religio* : « tel prince, telle religion »). Au XVIIIe siècle, les condamnations à mort pour blasphème sont rarissimes et presque toujours associées à d'autres chefs d'inculpation. Pourtant, le blasphème demeure un facteur d'insécurité judiciaire majeur et une arme redoutable pour perdre un ennemi, comme le montrent l'affaire du chevalier de La Barre, horriblement supplicié en 1766, mais aussi bien d'autres dans lesquelles, sans déboucher nécessairement sur la peine de mort, il entraîne une nette aggravation de la condamnation.

La Révolution, qui fonde le nouveau régime sur toute une série d'actes sacrilèges (fig. 3), ne peut s'empêcher de poursuivre ceux qui « blasphèment la Constitution » ou se rendent coupables d'athéisme ou de crime de « lèse-nation ». Elle bâtit également, en un temps record, un martyrologe où voisinent Le Peletier de Saint-Fargeau, Marat et le jeune hussard Joseph Bara (fig. 4). Bonaparte, quant à lui, a tôt fait de se poser en nouveau roi thaumaturge (fig. 5).

1 Supplice des templiers (1314), miniature tirée de *Des cas des nobles hommes et femmes*, de Boccace, livre IX, chapitre 21, « Le cas de Jacques, maître des templiers », vers 1420-1430

Paris, Bibliothèque nationale de France, Fr 236, fol. 215v

L'ordre militaire des chevaliers du Temple, fondé au début du XIIe siècle et placé sous la tutelle exclusive de la papauté, est la cible du plus célèbre des procès politico-religieux du roi Philippe le Bel. Celui-ci fait arrêter l'ensemble des templiers du royaume le 13 octobre 1307, prenant prétexte des rumeurs d'hérésie, de sacrilèges et de blasphèmes dont ils se seraient rendus coupables. Les enquêteurs royaux soumettent les templiers à la torture et leur extorquent des aveux qui légitiment *a posteriori* l'initiative de Philippe le Bel, totalement illégale du point du vue du droit, puisque l'ordre du Temple ressortissait à la seule justice du pape. Ce dernier est contraint de dissoudre l'ordre en 1312. Deux ans plus tard se déroule le procès des principaux dignitaires du Temple, devant une assemblée ecclésiastique parisienne tout acquise au roi. Ils sont condamnés à la prison perpétuelle le 11 ou le 18 mars 1314, mais le grand maître Jacques de Molay et Geoffroy de Charnay, qui étaient revenus sur leurs aveux, sont brûlés vifs le soir même sur ordre de Philippe le Bel.

2 « Le saccage de la cathédrale de Lyon par les protestants en 1562 », dessin tiré de *De Tristibus Galliae carmen*, vers 1585

Lyon, Bibliothèque municipale, Ms 156, fol. 3

Au printemps 1562, les huguenots s'emparent de Lyon et détruisent dans les églises tombeaux, reliques et statues ; ils mutilent, décapitent ou abattent notamment les statues du portail et de la façade de la cathédrale Saint-Jean.

De Tristibus Galliae carmen est une œuvre de trois mille vers illustrée de trente-neuf dessins, écrite par un catholique lyonnais de tendance ligueuse, très critique envers les protestants mais aussi envers le roi, jugé trop accommodant avec « l'hérésie ».

Dans la valse des régimes qui se succèdent au XIXe siècle, la part de sacralité dont il convient d'investir le chef de l'État fait l'objet d'hésitations et de débats constants. Louis XVIII prétend toujours tirer sa légitimité de la grâce de Dieu, mais renonce à se faire sacrer. Son frère Charles X ressuscite l'ancienne liturgie et se fait sacrer en grande pompe à Reims en mai 1825, quelques semaines après avoir promulgué la célèbre « loi du sacrilège », qui punit de mort « la profanation des vases sacrés et des hosties consacrées ». Mais l'échec est au rendez-vous : l'irrésistible affirmation de la liberté de la presse et le succès populaire de la caricature rendent de plus en plus difficile le maintien d'un statut particulier pour le chef de l'État.

Lointaine réminiscence du crime de lèse-majesté, le délit d'offense au chef de l'État est introduit dans la loi sur la liberté de la presse de 1881. Peu utilisé par les intéressés, à l'exception notable du général de Gaulle (fig. 6), le délit est supprimé en 2013, à la suite d'un arrêt de la Cour européenne des droits de l'homme, alors même qu'en 2003 la loi pour la sécurité intérieure créait un délit d'outrage au drapeau et à l'hymne national. Désacralisation de la magistrature suprême d'un côté, de l'autre tentative de protéger et de revaloriser certains symboles, quand l'unité nationale paraît se déliter aux yeux d'une part croissante de l'opinion.

Jusqu'au XVIIIe siècle, l'Église s'est montrée beaucoup moins sévère que le pouvoir laïque à l'égard du blasphème et des manifestations d'impiété. Le choc de la Révolution et les progrès de l'athéisme provoquent cependant un net raidissement de ses positions, dont témoigne le *Syllabus* de Pie IX (1864). À partir de 1819, le délit d'« outrage à la morale publique et religieuse » permet à nouveau de poursuivre le blasphème. Le renouveau du catholicisme et le triomphe de l'ultramontanisme, cependant, ne durent qu'un temps. La victoire des républicains laïques marque le début d'une longue confrontation, qui trouve son issue en 1905 dans la loi de séparation des Églises et de l'État.

Le temps des conflits semble alors se clore peu à peu et la censure pour motif religieux définitivement enterrée. Pourtant, à partir des années 1970, certains remettent en cause la liberté qui est laissée « d'offenser les croyants » en permettant la critique de leur religion. Les attentats de janvier 2015 suscitent un spectaculaire élan de solidarité envers ceux qui incarnent la liberté d'expression, mais il est loin d'être partagé par tous. Dans une société multiconfessionnelle, une certaine réserve à l'égard

3 Hubert Robert, *La Violation des caveaux des rois dans la basilique de Saint-Denis en octobre 1793*, 1793

Paris, musée Carnavalet – Histoire de Paris, P 1477

Le 1er août 1793, la Convention décrète que « les tombeaux et mausolées des ci-devant rois, élevés dans l'église de Saint-Denis, dans les temples et autres lieux, dans toute l'étendue de la République, seront détruits le 10 août prochain », à l'occasion du premier anniversaire de la chute de la monarchie. En août et en octobre 1793, les tombeaux sont démontés, parfois mutilés, puis les cercueils des rois, reines et princes, du Mérovingien Dagobert (vers 605-639) jusqu'à Louis XV (1710-1774) sont violés et leurs « cendres impures » jetées dans deux fosses communes creusées à proximité. L'exhumation des rois de France a donné lieu à un trafic de restes humains de provenance douteuse ainsi qu'à de nombreux récits de témoins plus ou moins dignes de foi, jouant de la fascination du public pour cette transgression suprême : la profanation des corps des membres de la dynastie la plus sacrée d'Europe. Le pouvoir est ainsi, au sens propre, désincarné.

4 Jean-Jacques Henner, *Bara*, 1882

Paris, musée national Jean-Jacques Henner, JJHP329

Né dans la défaite de 1870, à peine affermi par la victoire des républicains aux élections de 1877, le nouveau régime qui succède au Second Empire réactive l'imaginaire révolutionnaire. Le jeune Joseph Bara, soldat dans les armées républicaines de Vendée tué à quatorze ans dans une obscure escarmouche le 8 décembre 1793, dont le souvenir héroïque avait été quelque peu perdu, reparaît alors dans l'histoire officielle et dans les arts. Le tableau de Jean-Jacques Henner diffère radicalement des représentations classiques de Bara sous l'uniforme de hussard: le corps nu et la pose du jeune martyr évoquent à la fois les héros antiques et le Christ.

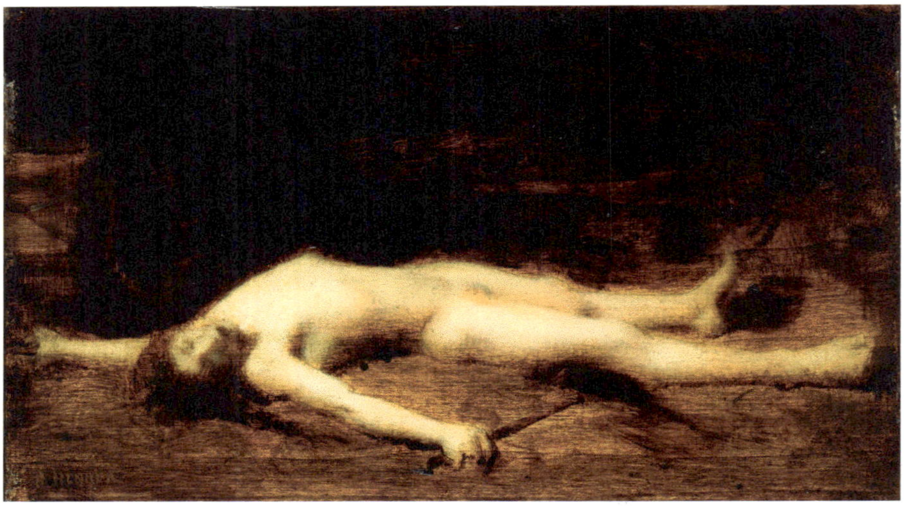

5 Pierre-Nolasque Bergeret, *Les Pestiférés de Jaffa*, dessin préparatoire pour un vase en porcelaine dure, 1807

Sèvres – Manufacture et Musée nationaux, 2012.1.5636

Cette scène représente la visite de Bonaparte auprès des soldats malades de la peste après la prise de Jaffa en mars 1799, durant l'expédition d'Égypte. Dans un décor orientalisant, Napoléon touche les malades, ce qui ne peut manquer de rappeler à ses contemporains le pouvoir miraculeux attribué aux rois de France de guérir les écrouelles, une maladie caractérisée par l'inflammation des ganglions du cou. La mise en avant de l'épidémie occulte alors opportunément l'exécution de la totalité de la garnison ottomane ordonnée par Bonaparte, ainsi que les viols de masse et les massacres perpétrés par l'armée française lors de la prise d'assaut de Jaffa.

des cultes ne s'impose-t-elle pas pour préserver la paix civile? Ne s'agit-il pas alors d'une censure qui ne dit pas son nom?

Dans son état actuel, la loi repose sur un équilibre précaire, distinguant les idées, qui sont libres, et les personnes, qui doivent être respectées. Or, que faire lorsque certaines idées sont susceptibles de porter atteinte à la dignité de certains groupes ou catégories de population, voire à l'intégrité physique de ceux qui en font partie? Plusieurs lois, dont l'objectif principal était de lutter contre le racisme ou la négation du génocide juif pendant la Seconde Guerre mondiale, ou de reconnaître la traite et l'esclavage (occidental) comme un crime contre l'humanité, ont en même temps renforcé l'arsenal répressif contre la diffamation et les discours de haine. Les uns y voient la marque de la montée de communautarismes menaçant l'unité de la République, les autres la prise en compte souvent tardive de légitimes revendications portées par des minorités opprimées.

La controverse ne se limite pas au champ religieux. La montée et la diversification d'activismes qui entendent imposer leurs propres valeurs se traduisent par le recours à la provocation et à des attitudes jugées sacrilèges par une partie de l'opinion envers le patrimoine artistique ou les symboles d'une mémoire historique que ces militants contestent. Réfléchir au sacrilège invite dès lors à s'interroger sur une société plus hétérogène, plus diverse, plus riche, mais aussi plus conflictuelle (fig. 7-9).

Amable Sablon du Corail
Jacques de Saint Victor

TÉLÉPHONE 42 29 17
Cie Chq POSTx 613 77
R.C. LYON 58 A 4366

BENOIT-GUYOT
15, rue Emile Zola
LYON

MINISTÈRE DE L'INTÉRIEUR
11 MAI 19..
ARRIVÉE

Lyon, le 7 Mai 1968

DIRECTION DE LA REGLEMENTATION
SERVICE DE LA LIBRAIRIE ETRANGERE
Ministère de l'Intérieur
Place Beauvau
PARIS VIII

DIRECTION DE LA REGLEMENTATION
7e BUREAU
14 MAI 1968
N° 2128

Messieurs,

Nous avons appris, par les Services de la Douane Lyon-Guillotière que votre Administration avait refusé l'entrée en France, de marionnettes en carton, à l'effigie du Général de Gaulle, des Présidents Johnson et Wilson.

Vous n'ignorez pas qu'à Lyon, les marionnettes sont particulièrement à l'honneur et qu'elles n'offrent, pour les Lyonnais, aucun caractère injurieux, d'autant que le "bon" comme le "méchant" sont également mais gentiment malmenés !

Les marionnettes que vous avez eues entre les mains étaient des caricatures des grands de ce monde, qui ne comportent véritablement aucun caractère tendancieux ou vexant ; les badges imprimés sur ces marionnettes caricaturent aussi des prises de position bien connues du public et souvent traitées avec moins de respect, dans des journaux à grand tirage.

C'est pourquoi nous nous sommes étonnés de votre décision : c'est le risque des Hommes Célèbres, d'être pris à parti par les dessinateurs humoristiques, et c'est une bien étroite opinion que vos Services semblent avoir du Général de Gaulle, pour croire qu'il se fâcherait de se voir ainsi représenté. Nous voulons croire que les Grands Hommes ont plus d'esprit que cela et c'est

M. J ADI

.../...

6 Lettre de la société Benoit-Guyot, à Lyon, demandant la levée du blocage de colis de marionnettes du général de Gaulle retenus par les services des douanes, 7 mai 1968

Archives nationales, ministère de la Justice, direction des Libertés publiques et des Affaires juridiques, 19940560/13

probablement parce que nos marionnettes n'ont pas gravi suffisamment d'échelons qu'on refuse la représentation.

C'est avoir aussi une bien mauvaise opinion des Français que d'imaginer que les sentiments qu'ils éprouvent envers ceux qui les administrent puissent être modifiés par de telles futilités !

Si vous avez encore en votre possession les trois exemplaires prélevés par la Douane, permettez-moi de vous les offrir. En gravissant les échelons du Ministère de l'Intérieur, elles parviendront, nous en sommes certains, entre les mains d'un homme d'esprit, comme cela arrive toujours en France, qui prendra sur lui de ramener les choses à de plus justes proportions.

Il nous semble, en effet, impossible de croire que votre Administration ne revienne pas sur une décision, prise sans doute un peu hâtivement,
impossible de croire qu'en notre Pays, on ne puisse plus rire sans arrière pensée
impossible de croire qu'on ait, somme toute, moins de liberté en France, qu'en Angleterre
impossible de ne plus croire à l'humour français.

Nous attendons votre réponse en ce sens, afin que vous puissiez intervenir rapidement auprès de la Douane de Lyon, avant que la réexpédition de ces marionnettes soit faite.

Veuillez agréer, Messieurs, avec nos remerciements anticipés, nos salutations distinguées.

PS. Si nos renseignements sont justes, il semble que les dessins représentant les 3 Présidents incriminés, soient parus dans le Journal L'Express. Y aurait-il deux poids et deux mesures, selon que l'on est Journaliste ou Commerçant ?

7 Manifestation de l'association Civitas, Paris, 29 octobre 2011

8 Tract contre la lesbophobie édité par la fédération des syndicats SUD Éducation, 2022

9 Manifestation contre l'islamophobie, Paris, 10 novembre 2019

Quelques repères chronologiques

399 avant Jésus-Christ
Procès et mort de Socrate, accusé « de corrompre la jeunesse et de ne pas croire aux dieux de la cité ».

Ier siècle avant Jésus-Christ
Lex julia de majestate, promulguée par César ou Auguste, rapprochant la lèse-majesté du sacrilège.

Vers 30-35 après Jésus-Christ
Procès et crucifixion du Christ pour blasphème (dans la tradition chrétienne).

Vers 31-39
Procès de saint Étienne devant le Sanhédrin et martyre par lapidation pour blasphème.

325
Premier concile de Nicée. Élaboration de la profession de foi catholique, condamnation d'Arius.

IVe-VIIe siècle
La plupart des royautés barbares d'Occident adhèrent à l'arianisme, courant dissident du christianisme, considéré comme hérétique par l'Église catholique et l'empereur romain.

630
Prise de La Mecque par Muhammad et destruction des statues et des fresques païennes.

Vers 1182
Ordonnance de Philippe Auguste contre le blasphème.

1199
Bulle *Vergentis in senium* du pape Innocent III. L'hérésie est assimilée au crime de lèse-majesté divine.

1226-1270
Règne de Louis IX. Après l'échec de la septième croisade (1249-1254), qu'il attribue à une punition divine, il se lance dans une grande entreprise de purification et de moralisation du royaume. Il s'attache tout particulièrement à lutter contre le blasphème.

1268-1269
À la veille de son départ pour la huitième croisade, Louis IX publie une longue ordonnance contre le blasphème. Le pape ayant invité le roi à modérer sa sévérité, les blasphémateurs ne sont condamnés qu'à une forte amende ou au pilori, ou, pour les plus jeunes, au fouet.

1285-1314
Règne de Philippe IV le Bel. Le roi instrumentalise la lutte contre le sacrilège et l'hérésie pour prendre son autonomie par rapport au pape, avec lequel il engage un combat féroce.

1297
Canonisation de Louis IX, qui contribue à la sacralisation de la dynastie française et au renforcement de l'autorité royale. Petit-fils d'un saint, roi très chrétien, Philippe le Bel s'érige en défenseur de la foi, contre le pape lui-même si nécessaire.

1307-1314
Procès des templiers.

1308-1311
Procès de Guichard, évêque de Troyes.

1517
Publication des thèses de Martin Luther. Début des réformes protestantes.

1534
Affaire des Placards. Dans la nuit du 17 au 18 octobre, des affiches imprimées sont placardées dans plusieurs villes et jusque sur la porte de la chambre du roi François Ier. Elles dénoncent avec violence le dogme catholique de l'eucharistie, qui célèbre le sacrifice du Christ. Début de la répression judiciaire royale contre les protestants.

1562-1598
Guerres de Religion.

1589, 2 août
Assassinat d'Henri III par le dominicain Jacques Clément.

1598
Édit de Nantes. Autorisation et encadrement de l'exercice du culte réformé.

1610, 14 mai
Assassinat d'Henri IV par Ravaillac.

1651 et 1666
Déclarations de Louis XIV contre les jureurs et les blasphémateurs.

1685
Révocation de l'édit de Nantes.

1709
Publication de la *Politique tirée des propres paroles de l'Écriture sainte*, de Bossuet, une des dernières formulations doctrinales de l'absolutisme.

1748
Parution de *L'Esprit des lois*, de Montesquieu. L'auteur insiste sur la nécessité de distinguer les sphères politique et religieuse. Il estime que les crimes religieux tels que le blasphème ne doivent recevoir de sanctions que religieuses. Le livre est mis à l'Index par l'Église en 1751.

1757, 5 janvier
Attentat de Damiens contre Louis XV.

1764
Expulsion des jésuites du royaume de France.

1766, 1er juillet
Exécution du chevalier de La Barre pour sacrilège.

1791
Premier code pénal. Suppression du crime de blasphème.

1793, 21 janvier
Exécution de Louis XVI.

1793, octobre
Exhumation des rois de France à Saint-Denis. Les tombeaux des rois sont violés et leurs restes jetés dans deux fosses communes.

1801, 15 juillet
Ratification du Concordat par Bonaparte, Premier consul, et le pape Pie VII. Le catholicisme reconnu comme « la religion de la grande majorité des citoyens français ».

1802-1905
Régime concordataire. Les prêtres et ministres des cultes catholique, protestant et israélite sont rémunérés par l'État.

1819, mai-juin
Lois de Serre libéralisant le régime de la presse mais instituant un délit d'outrage à la morale publique et religieuse.

1825, 20 avril
Loi sur le sacrilège.

1830
Chute de Charles X et avènement de Louis-Philippe, roi des Français. Abrogation de la loi sur le sacrilège.

1864
Syllabus de Pie IX « contenant les principales erreurs de notre temps », condamnant le socialisme et le libéralisme.

1870, 4 septembre
Proclamation de la République.

1881, 29 juillet
Loi sur la presse établissant un régime de liberté et instituant un délit d'offense au président de la République.

1894, 25 juin
Assassinat du président Sadi Carnot par l'anarchiste Caserio.

1899, 4 juin
Agression du président Émile Loubet à Auteuil.

1902-1904
Expulsion des congrégations religieuses par le gouvernement d'Émile Combes.

1905, 9 décembre
Loi de séparation des Églises et de l'État. « La République assure la liberté de conscience », mais « ne reconnaît, ne salarie ni ne subventionne aucun culte. »

1906
Querelle des inventaires.
À la suite de la loi de 1905 portant séparation des Églises et de l'État, le gouvernement ordonne de dresser l'inventaire de tous les biens mobiliers présents dans les lieux de culte. En février-mars 1906, l'opération se heurte aux protestations des fidèles et des desservants, qui vont parfois jusqu'à se barricader à l'intérieur des églises.

1905-1914
Apogée de la presse anticléricale.

1939, 21 avril
Décret Marchandeau réprimant l'incitation à la haine « envers un groupe de personnes appartenant, par leur origine, à une race ou à une religion déterminée ».

1962, 22 août
Attentat du Petit-Clamart contre le président Charles de Gaulle.

1966-1967
Interdiction du film *La Religieuse*, de Jacques Rivette.

1972, 1er juillet
Loi Pleven relative à la lutte contre le racisme.

2005
Publication de caricatures de Mahomet dans un journal danois, reprises ensuite par divers journaux européens.

2015, 7 janvier
Attentat islamiste contre le journal satirique *Charlie Hebdo*.

2018, 1er décembre
Saccage de l'Arc de triomphe en marge d'une manifestation de Gilets jaunes.

2020, 16 octobre
Assassinat de Samuel Paty, professeur d'histoire-géographie.

Quelques définitions

Sacrilège

Au sens sociologique, toute atteinte à ce qui est considéré comme sacré et protégé par des interdits.
Au sens juridique, toute atteinte aux édifices et aux objets du culte, telle que vol de reliques, destruction de statues, incendie ou dégradation d'église.

Blasphème

Du grec *blasphèmia*, signifiant la calomnie ou l'injure. Parole qui outrage la divinité. Dans un sens plus large – variant avec le temps et les religions –, le blasphème peut englober les actes ou pratiques offensant Dieu.

Lèse-majesté

Littéralement, ce qui blesse la grandeur de Dieu (lèse-majesté divine) ou du roi (lèse-majesté royale).

Hérésie

En grec, désigne un « choix » doctrinal condamné par l'Église. Pour qu'il y ait hérésie, il faut deux critères : une opinion jugée erronée ; une obstination à la défendre.

Blasphème et sacrilège dans les monothéismes antiques et médiévaux

Olivier Hanne

Archéologie du sacrilège

Les notions de sacrilège et de blasphème se comprennent à travers l'évolution de leur signification depuis l'Antiquité, même si le substrat anthropologique qui les sous-tend obéit à des principes récurrents. Les sociétés anciennes éprouvent une fracture entre ce qui relève du profane – les activités humaines – et ce qui lui échappe à travers le sacré. Celui-ci peut s'attacher à des êtres vivants (prêtres, animaux), à des réalités naturelles (une rivière, des rochers) et même à des objets (une statue, un temple). Tous sont séparés du monde profane en raison de leur nature spécifique ou du surgissement du divin sur eux.

Le rituel a la fonction de transférer dans le sacré ce qui était profane. Certains gestes et certaines paroles sacralisent – comme la messe – et donc mettent à part de manière absolue ; alors le sacré devient interdit, tabou – ce qui est le sens même du mot arabe *haram* –, et toute tentative de contrevenir à ce nouvel état met en danger l'avenir d'un être humain, la prospérité d'une ville et le cosmos lui-même. Le sacré doit donc être protégé par des interdits et approché à travers des comportements définis, sous peine de désordre[1].

Or, le sacrilège est justement une tentative – volontaire ou non – de la part de la sphère du profane de pénétrer le sacré, et donc de le souiller, de le *profaner*, c'est-à-dire de le rétrograder. En grec, le sacrilège (*ierosulia*) désigne le vol dans un temple. Lorsqu'il s'agit d'une parole énoncée ou même d'un rire non autorisé à l'encontre du sacré ou du divin, le sacrilège est un blasphème[2] (en grec, *blasphèmia* signifie « calomnie » ou « injure »).

Dans le cadre des pratiques religieuses de la Grèce classique, pourtant relativement tolérantes, le sacrilège revêt une dimension politique. Ne pas être en état rituel (pureté physique ou vestimentaire) en pénétrant dans le sanctuaire d'une cité est une profanation qui menace les relations entre les citoyens et leurs divinités. Dans les *Lois*, au livre X, Platon condamne l'impiété et l'athéisme, qui mettent en péril les principes de la cité idéale. On s'explique ainsi les procès pour le crime d'impiété (*asebeia*). En 399 avant J.-C., à Athènes, le philosophe Socrate est accusé de dévoyer la jeunesse et d'introduire de nouvelles divinités. Il subit pour cela une procédure d'*asebeia* et est condamné à mort (fig. 10) – cas rarissime qui ne se comprend que dans le contexte des luttes internes à Athènes à la suite de la défaite face à Sparte cinq ans plus tôt. Le sacrilège et le blasphème ne sont donc pas des délits d'opinion ou de pensée, mais bien des crimes contre la solidarité civique et la prospérité collective[3].

La réflexion juive

Les textes du judaïsme antique recoupent en partie ces définitions. Dans la Torah, c'est-à-dire les cinq premiers livres de la Bible, blasphémer (*qillel*) revient à insulter ou à maudire le nom de Dieu: «Tout homme qui maudit son Dieu portera le poids de son péché. Qui blasphème le nom du Seigneur devra mourir, toute la communauté le lapidera» (Lévitique, 24, 15-16). Mais le texte ne précise pas de quel type de parole il s'agit. En outre, la sanction est associée au crime de sang dans le même passage, qui enchaîne avec la loi du talion («Œil pour œil, dent pour dent», 24, 20), laquelle s'applique même aux coups portés aux animaux. La loi juive dépasse donc le simple respect du divin et inscrit le blasphème au sein de l'ensemble des relations entre Dieu, les êtres humains et les créatures. «L'homme qui bat son prochain, c'est comme s'il frappait le Saint, béni soit-Il», explique à la fin du XVIe siècle le rabbin Jacob ben Isaac Achkenazi de Janow dans son *Commentaire sur la Torah*. C'est aussi la logique des dix commandements, qui fixent les limites des comportements envers Dieu et entre les humains (Exode, 20, 1-17), avec l'interdit du parjure contre Dieu («Tu ne prononceras pas le nom du Seigneur ton Dieu à faux», 20, 7). Quant à la peine capitale, son application dépend de la présentation de plusieurs témoins, ce qui limite tout arbitraire (Deutéronome, 17, 6).

Le sacrilège dans la Torah (*ma'al*) est une violation concrète, même par inadvertance, de ce que le Dieu unique s'est réservé en le rendant illicite à certaines catégories. L'une des enceintes du Temple de Jérusalem est par exemple interdite aux femmes. Dérober un animal de sacrifice est un sacrilège et exige réparation. Les prêtres du Temple sont eux-mêmes mis à part et ne peuvent contracter une union interdite sans profaner leur sacerdoce (Lévitique, 21). La sanction peut émaner du peuple ou de Dieu lui-même venant venger la transgression (par exemple, Lévitique, 10, 1-2).

Certains récits ont tendance à étendre l'accusation de sacrilège à une multitude d'attitudes déviantes: l'irrespect envers le jour du shabbat devient une profanation, tout comme l'oubli des coutumes rituelles, l'attrait pour les idoles païennes et même les injures contre le roi (Ézéchiel, 20, 21-24; Psaumes, 89, 31-34; I Rois, 21, 10). Le peuple d'Israël ayant été

10 Jacques de Saint-Quentin,
La Mort de Socrate, 1762

Paris, École nationale supérieure des beaux-arts, PRP 10

En 399 avant J.-C., le philosophe Socrate est jugé par un tribunal de cinq cent un Athéniens. Il est accusé de « ne pas reconnaître les dieux que reconnaît la cité », d'« y avoir introduit d'autres démons nouveaux » et de « corrompre la jeunesse ». Par 280 voix contre 221, il est déclaré coupable et condamné à se suicider par le poison. Le caractère essentiellement politique du procès de Socrate ne fait pas de doute : ses conceptions religieuses et philosophiques s'écartaient de la religion civique athénienne et elles étaient partagées par les adversaires du régime démocratique, restauré quelques années plus tôt mais fragilisé par la défaite d'Athènes lors de la guerre du Péloponnèse. La figure de Socrate revient à la mode dans la seconde moitié du XVIIIe siècle. En 1762, sa mort édifiante, exemple d'acceptation de son destin, est choisie comme sujet de peinture au concours du prix de Rome, remporté par Jacques de Saint-Quentin.

11 Maître de Messkirch, *Le Christ devant Caïphe, dit autrefois le Christ devant Pilate*, XVIe siècle
Paris, musée du Louvre, INV 1949

Le grand prêtre Caïphe déchire ses propres vêtements en entendant le Christ proclamer sa divinité. La scène oppose le calme de Jésus à la difformité du visage de Caïphe et à la brutalité des deux soldats qui le tiennent par une corde. Au fond, un coq chante non loin de Pierre apostrophé par une passante.

lui-même mis à part par Dieu, et donc rendu sacré, le frapper est une profanation, aussi les princes païens qui menacent le peuple sont-ils des blasphémateurs contre Dieu (II Maccabées, 8). Il semble que tant que les Juifs eurent le contrôle de leurs tribunaux dans l'Antiquité, la peine capitale fut effectivement appliquée. L'historien juif Flavius Josèphe (mort vers 100 après J.-C.) confirme que la lapidation et la pendaison du coupable étaient encore pratiquées au Ier siècle et que l'on interdisait même de maudire les dieux étrangers par souci diplomatique (*Antiquités juives*, IV, 6, 112-114).

La destruction du Temple de Jérusalem en 70 après J.-C. et la diaspora juive changent la nature des sacrilèges puisque le sacerdoce et le sanctuaire ont disparu. Le blasphème tend à se limiter au seul nom de Dieu. Les textes antiques d'exégèse rabbinique, compilés dans le Talmud entre le IIe et le VIe siècle, visent à compléter les éléments précédents en raison du nouveau contexte. Les principes sont maintenus, mais la sacralité du Temple est reportée sur d'autres objets, notamment les rouleaux de la Torah, la synagogue, les cimetières, les tefillin. L'irrévérence d'un savant envers un passage de la Torah a valeur de sacrilège pour le philosophe juif Maïmonide au XIIe siècle[4].

L'éthique juive prend aussi une importance accrue et se veut universelle. Ainsi, d'après le Talmud de Babylone (Sanhédrin, 56a et 60a), l'humanité aurait reçu de Noé sept lois essentielles, dites noahides, qui visent la justice élémentaire et s'appliquent même aux païens. Parmi elles, l'interdiction de l'idolâtrie, des unions illicites, du vol ou encore du blasphème envers Dieu. Si les commentateurs et le Talmud reprennent l'idée de la peine de mort sous condition (présence de témoins, avertissements donnés au blasphémateur), la plupart lui préfèrent l'excommunication et veulent suspendre la sanction ou la limiter à l'insulte du nom de Dieu (le Tétragramme), les autres blasphèmes n'étant passibles que de châtiments corporels. Les sages cherchent ainsi à se conformer aux impératifs éthiques de la Torah, comme Éléazar ben Azaria au Ier siècle : « Un Sanhédrin [c'est-à-dire un tribunal] qui mettrait à mort une fois en soixante-dix ans serait appelé sanguinaire » (*Mishna Makot*, 1, 10)[5].

Jésus était-il un blasphémateur pour ses juges et les prêtres du Temple? Les Évangiles l'affirment à plusieurs reprises, utilisant le terme grec *blasphèmia*. La réunion du Sanhédrin la nuit de sa Passion se situe bien dans le cadre d'un procès, même si, en raison de l'occupation romaine, le tribunal juif n'a pas autorité pour déclarer la mort: « Nous avons une Loi et d'après cette Loi il doit mourir, parce qu'il s'est fait Fils de Dieu» (Jean, 19, 7). De fait, lorsque le grand prêtre lui demande s'il est le Fils de Dieu, Jésus répond: «Je le suis» (Marc, 14, 62). Or, le texte grec - «*ego eimi*» - va beaucoup plus loin qu'une simple affirmation, car il paraphrase la version grecque de l'épisode du Buisson ardent, lorsque Moïse entend Dieu lui affirmer: «Je suis», «*ego eimi*» (Exode, 3, 6 et 14). Jésus s'identifiant au nom de Dieu, il y a donc bien blasphème, faute qui justifie la mort. Et le grand prêtre de déchirer son propre vêtement (fig. 11), ce qui est conforme à la procédure judiciaire en cas de blasphème[6]. D'après les Actes des Apôtres (6, 11), c'est encore l'accusation de *blasphèmia* qui est lancée contre Étienne vers 36-39, car ce diacre parle «contre Moïse et contre Dieu», et remet en cause la valeur du Temple de Jérusalem, désormais dépassé par le temple unique qu'est le Christ (fig. 12).

Les redéfinitions chrétiennes (jusqu'au XIIe siècle)

Dans le Nouveau Testament, les lettres de l'apôtre Paul réinterprètent les approches juives car, désormais, s'en prendre à la divinité de Jésus ou à ses disciples a valeur de blasphème (I Timothée, 1, 13). Avec la résurrection du Christ, les blasphèmes doivent cesser, tout autant que la colère et la méchanceté, car l'humanité a été renouvelée (Éphésiens, 4, 31; Colossiens, 3, 8). Mais les Juifs qui refusent le Christ continuent de blasphémer contre lui (Romains, 2, 24). D'après le livre de l'Apocalypse, à la fin des temps, les blasphèmes du démon se déchaîneront en vain et la négation du nom divin de Jésus cessera (13, 1-16). En revanche, la notion de sacrilège disparaît du Nouveau Testament, car le Christ après sa résurrection est le seul temple vivant: sa profanation passe donc par le blasphème seul et non plus par une intrusion physique.

Jésus inaugure toutefois un nouveau type d'injure sans rémission: «Tout péché et blasphème sera remis aux hommes, mais le blasphème contre l'Esprit ne sera pas remis» (Matthieu, 12, 31). Si ce péché contre l'Esprit n'est pas défini, il semble désigner toute attribution au démon d'une œuvre réalisée par l'Esprit saint, ce qui revient à une forme d'ingratitude envers Dieu. Sa sanction n'est pas terrestre mais touche l'au-delà: l'accès au paradis n'est plus possible. Le christianisme originel se préoccupe donc surtout de souillures doctrinales plutôt que matérielles. Le blasphème l'emporte sur le sacrilège.

Les Pères de l'Église, ces théologiens qui, entre le IIIe et le Ve siècle, élaborent le contenu doctrinal du christianisme, confirment ces évolutions. Le premier concile de Nicée, en 325, considère comme « une opinion néfaste et un blasphème » l'interprétation doctrinale d'Arius, prêtre d'Alexandrie, estimant que le Christ n'a pas été Fils de Dieu de toute éternité mais qu'il l'est devenu[7] (fig. 13). Le blasphème devient alors une hérésie et donc un crime d'opinion – qu'il soit proclamé ou intime –, ce que le premier concile de Constantinople, en 381, appelle le « blasphème des hérétiques[8] ». La sanction est l'anathème, c'est-à-dire le rejet de la communauté chrétienne, et non la mort.

L'évêque d'Hippone Augustin (mort en 430) définit, de manière classique, le blasphème comme « une action de la langue » qui est « une parole outrageante contre Dieu » (*Des mœurs des manichéens*, 10, 19 ; 11, 20). Mais dans son sermon 71, il avoue la difficulté à comprendre le blasphème contre l'Esprit. Selon lui, c'est le péché par lequel le croyant refuse que l'Esprit saint puisse pardonner toutes les fautes ; c'est donc une injure par manque de confiance dans la puissance de Dieu. Sous sa plume, la distinction avec le sacrilège paraît faible, puisque le *sacrilegium* est une affirmation erronée sur le Christ, ou une insolence à son propos[9] (*Des mœurs des manichéens*, 11, 22).

La christianisation de l'Empire romain au IVe siècle conduit les souverains à s'emparer de la répression contre le blasphémateur, car celui-ci remet en cause les grâces divines envers l'Empire. Il revient à l'Église d'identifier le criminel, de prouver son blasphème, et aux autorités civiles de le punir. L'empereur Justinien (r. 527-565) ordonne ainsi la torture et la peine capitale contre celui qui « ose jurer par l'un des membres [du Fils] de Dieu ou par ses cheveux, de sorte qu'il blasphème Dieu » (*Novelles*, 77, q. 1). L'établissement d'une Église impériale, honorée par un culte, des objets liturgiques, des reliques, un clergé officiel et des constructions monumentales – la basilique Sainte-Sophie de Constantinople est achevée en 360 –, ranime le vieux concept de sacrilège. En effet, même si les anciens cultes ont été supplantés, l'autorité publique s'estime responsable des lieux consacrés, comme elle l'avait été des sanctuaires romains. Une législation protectrice se met en place[10].

Selon le pape Grégoire le Grand (r. 590-604), le *sacrilegium* est un attentat ou un vol contre les biens de l'Église : son auteur « est celui qui, contre les lois, parce qu'il est rejeté des endroits vénérables, a cherché à s'emparer

12 Châsse-reliquaire émaillée de saint Étienne, deuxième quart du XIIe siècle

Gimel-les-Cascades (Corrèze), église paroissiale Saint-Pardoux

La dévotion pour saint Étienne, premier martyr chrétien, condamné à mort par le Sanhédrin pour blasphème, comme le Christ et quelques années après lui, est très populaire durant tout le Moyen Âge, en Orient comme en Occident, où d'innombrables cathédrales et sanctuaires ont été placés sous son patronage. Pour figurer l'accusation dont il fit l'objet et le scandale causé par sa prédication, on voit ici les Juifs se bouchant les oreilles pour ne pas entendre ses paroles jugées outrageantes (face majeure de la châsse, registre de gauche de la caisse).

13 « Au concile de Nicée (325), l'empereur Constantin fait condamner et brûler les livres hérétiques d'Arius, en raison de leurs blasphèmes contre la divinité du Christ », illustration du manuscrit *Collectio canonum et conciliorum*, début du IXe siècle

Verceil (Italie), Biblioteca Capitolare, ms CLXV, fol. 2v

de leurs richesses en cédant à sa perverse volonté », définition qui passe dans le droit canon (Gratien, *Décret*, C. 17, q. 4-4). Mais le vol étant aussi un viol et une violence, le *sacrilegium* prend des sens de plus en plus extensibles : un sacrifice ou une cérémonie païenne, l'incendie d'une église, etc. L'évêque de Séville Isidore (mort en 636), dont les ouvrages deviennent des manuels au Moyen Âge, le confirme : « Ce qui est le propre du sacrilège, c'est le vol des choses sacrées ; par la suite, ce nom a été attaché au culte des idoles » (*Étymologies*, 3, 26). Un pénitentiel catalan du XIe siècle énonce : « J'ai été sacrilège : sept années de pénitence au pain et à l'eau », ce qui est la même peine que pour la fornication. Les capitulaires carolingiens enregistrent le sacrilège entre le brigandage, les homicides et les pratiques magiques[11]. Les lettrés byzantins ne se distinguent pas de ces formules. Pour l'évêque Grégoire de Nazianze (mort en 390), le sacrilège va du vol de cierges consacrés aux coups portés contre un moine, parce que celui-ci a été consacré à Dieu[12]. Durant la crise iconoclaste dans l'Empire byzantin (730-787), les défenseurs des icônes dénoncent le sacrilège des persécuteurs de ces images religieuses.

La distinction entre sacrilège et blasphème redevient donc plus nette durant le haut Moyen Âge, le second étant un crime d'opinion, une assertion impie ou hérétique, selon Isidore : « Délaissant le sens de la vérité, il engendre des querelles et blasphème Dieu par des disputes verbales » (*Sentences*, 3, 14). Les souverains carolingiens lancent une chasse au blasphème qui entre dans le détail et, par ricochet, induit une extension du crime : des propos graveleux prononcés à table par des clercs, le parjure, un faux témoignage. Si le blasphème est prononcé dans une église, il peut entraîner la mort[13]. Le sacrilège n'est pas oublié, puisque l'évêque Hincmar de Laon, pourtant protégé de l'empereur, est accusé en 870 de parjure et de sacrilège pour avoir trahi sa fidélité envers le souverain et abusé des biens de son église[14]. Les serments se pratiquant sur des reliques, tout parjure constitue *de facto* un sacrilège à l'encontre des objets sacrés.

Entre le XIe et le XIIe siècle, le processus d'amplification des deux notions se poursuit au moment même où les structures de l'Église latine se modifient en profondeur sous l'effet de la réforme dite « grégorienne » : la papauté renforce son contrôle sur les Églises nationales aux dépens des princes et les normes de la vie ecclésiastique s'imposent au quotidien (célibat des prêtres, encadrement paroissial, lutte contre le trafic des charges cléricales, etc.). Dans le même mouvement, le sacrilège et le blasphème sont plus fortement contrôlés et punis, tâches qui échappent de plus en plus aux pouvoirs séculiers au profit de l'autorité religieuse. La séparation entre le clerc et le laïc participe d'un sentiment exacerbé de l'opposition entre le sacré et le profane. Ainsi, manger l'eucharistie en dehors d'une église devient un sacrilège (Gratien, *Décret*, II, C. 24, q. 1). Des typologies détaillées sont mises en place pour qualifier le sacrilège et le blasphème selon leurs modalités (par la bouche, le cœur, l'action), les coupables (clercs ou laïcs), les réalités concernées (un objet, une personne, un lieu), etc. On commence même à évoquer l'intention qui préside au crime, ce qui impose de pénétrer « les reins et les cœurs ».

Si les sources comme les chroniques et les conciles révèlent à cette époque un plus grand nombre d'« attentats » contre le sacré, c'est justement parce qu'ils sont mieux encadrés, et parce que toute intrusion d'un pouvoir temporel dans le domaine religieux est désormais prohibée ou considérée comme scandaleuse. Dans les sources hagiographiques, les tentatives d'usurpation contre un monastère par les seigneurs locaux sont des sacrilèges qui provoquent la réaction des saints ou des reliques. Durant le long conflit entre l'empereur et le pape au XIe siècle, les deux camps s'accusent mutuellement de sacrilège. Est par exemple considéré comme sacrilège aux yeux du pape de recevoir l'eucharistie des mains d'un évêque hérétique ou pro-impérial (Pierre Lombard, *Sentences*, IV, D. 25, 1, 2). Parallèlement, le blasphème hérétique est lui aussi plus souvent évoqué à partir du XIe siècle : hérétiques d'Orléans en 1022, d'Arras vers 1025, cathares vers 1140, etc. Là aussi, la répression se fait plus forte, car la faute est inspirée par le diable et par le refus d'obéir à l'Église. Les théologiens estiment que l'hérésie est par excellence un blasphème contre l'Esprit. Mais la répression est encore aléatoire au XIIe siècle, car elle dépend du bon vouloir des pouvoirs temporels, et il faut attendre 1231 pour voir la création de l'Inquisition[15]. Blasphème et sacrilège participent donc de la définition même du christianisme antique et médiéval, dessinant en creux ce qu'il faut faire et penser dans une société chrétienne.

L'élaboration d'un droit musulman du blasphème

Si le Coran n'utilise pas ces concepts de blasphème et de sacrilège, il comporte des équivalents : le mensonge (*kadhib*), l'idolâtrie et le fait d'associer d'autres divinités à Dieu, qui sont des insultes envers lui. « Quoi de plus inique que de fabuler sur Dieu le mensonge (*kadhibân*), ou de démentir le Vrai quand il vous advient? » (sourate 29, verset 68). On lit encore les verbes *'adhâ* (blesser moralement, offenser) et *sabb* (injurier, maudire), mais pas *shatm* (insulter), pourtant courant dans la littérature. « Ne maudissez pas [verbe *sabb*] ceux qu'ils invoquent à la place de Dieu [c'est-à-dire les idoles] car ils insulteraient Dieu par représailles, sans la moindre science[16] » (6, 108).

Contrairement aux idées reçues, le livre invite à une attitude de détachement envers les injures. Le Coran enjoint de se détourner et de ne pas répondre aux éventuelles moqueries sur sa religion plutôt que d'exercer une violence en retour (« Excuse-les! », 43, 89), car Dieu seul exerce le châtiment (« C'est Dieu qui tranchera entre vous... », 22, 69). « Et s'ils entendent le verbiage [des juifs et des chrétiens], ils s'en détournent, disant : "À nous nos actions, à vous les vôtres. Salut sur vous!" » (28, 55; voir aussi 6, 33; 36, 76). On s'est moqué des prophètes comme de Muhammad, ainsi de Noé (11, 38). Chacun est responsable de sa croyance et non de celle d'autrui, que l'on ne peut forcer à croire (« Pas de contrainte en religion », 2, 256). Mais ces paroles détachées sont contrebalancées par d'autres passages, plus stigmatisants envers les juifs et les chrétiens (9, 73; 2, 244) et surtout contre les « hypocrites » (*munâfiqûn*), ces fidèles tièdes et déloyaux envers Dieu et son Prophète.

Les sources postérieures dévoilent des positionnements plus tranchés que le Coran. Les biographies du Prophète, intitulées *sîra* (« manière d'agir »), sont commandées par le pouvoir califal irakien au IXe siècle. On y lit des récits militaires et Muhammad prend la figure d'un chef de guerre et d'un meneur d'hommes. On le voit désavouer les musulmans qui jurent, maudissent ou insultent. Deux périodes particulières se distinguent.

Tout d'abord persécuté à La Mecque, Muhammad subit des moqueries sur son passage. On raille sa virilité, on le traite d'impuissant, de châtré (108, 3). « Supporte-les avec une douce patience », le rassure l'ange Gabriel (fig. 14). « Ils pensent que le châtiment est loin, alors que nous le voyons tout proche » (70, 5-7). Seul son oncle, le guerrier Hamzah, devenu musulman, se jette sur un moqueur et le frappe avec son arc. « Toi tu l'insultes et moi je suis sa religion et je professe ce qu'il professe! », lui lance-t-il. Mais Muhammad est d'abord pacifique[17].

Dès lors que le Prophète installe l'islam dans l'oasis de Médine en 622, son attitude envers les *munâfiqûn* devient sans concession. Vers 624 a lieu ce qui pourrait passer pour le premier meurtre pour blasphème. Le poète tribal Ka'b commet l'imprudence de réciter des vers pleurant les païens morts contre Muhammad et compose même des poèmes érotiques contre les musulmanes. Ses railleries arrivent aux oreilles du Prophète. « Qui me débarrassera de lui ? », demande-t-il en public. « Moi, ô envoyé de Dieu », lui répond un croyant. « Fais-le si tu peux » : indirectement condamné par le Prophète, Ka'b est assassiné[18]. Toutefois, le récit ayant été forgé par le lettré Ibn Ishâq (mort en 767), puis remanié au début du IXe siècle, on ne peut écarter une réécriture sous contrôle califal, les souverains musulmans voulant aggraver les sanctions contre d'éventuelles moqueries envers le Prophète, et cela en les justifiant par un propos attribué à ce dernier.

Le sacrilège n'existe théoriquement pas en islam puisqu'il n'y a pas d'espace sacré en dehors du sanctuaire de la Ka'ba à La Mecque, ce qui réduit les possibilités de profanation. Ainsi, lorsque Muhammad prit le contrôle de la cité en 630, il pénétra dans le cube, abattit les statuettes païennes qui s'y trouvaient, effaça les fresques et justifia le sacrilège : « Le territoire sacré n'a été profané par personne avant moi et il ne le sera par personne après moi[19] ! » Et le Prophète d'ordonner de détruire toutes les représentations. En réalité, le développement des mosquées, celui des tombeaux de pieux musulmans ou de maîtres soufis, la vénération pour le Dôme du Rocher à Jérusalem créent d'autres espaces de sacralité qui sont l'objet de prescriptions légales et d'attitudes adaptées. L'irrespect, volontaire ou pas, envers le *haram*, le tabou (pénétrer chaussé dans une mosquée, briser un mausolée, dilapider des biens inaliénables), est ainsi unanimement condamné. Le livre coranique dans sa matérialité (le *muçhaf*) exprimant parfaitement la parole divine du livre céleste (le *kitâb*), les codex sont également respectés et conservés avec piété et scrupule, et toute marque d'irrespect est considérée comme une profanation.

En outre, c'est au cours des IXe-XIe siècles qu'est élaboré un droit spécifique autour des moqueries et des injures touchant Dieu (*sabb Allah*) et le Prophète (*sabb al-rasûl*), qui deviennent des péchés majeurs, sanctionnés par l'État et ses juristes. L'insulte verbale est interprétée comme un acte de mécréance (*kufr*). On développe des procédures spécifiques qui connaissent une extension rapide dans d'autres domaines (moqueries contre les anges, hérésie, apostasie, représentation figurée, Coran piétiné, magie, etc.). Si le coupable est musulman, on le considère comme apostat – ou hérétique, c'est selon – et passible de mort. L'insulte contre le Prophète

14 *Muhammad et son épouse Aîsha reçoivent la visite de l'ange Jibrîl (Gabriel)*, miniature ottomane, 1594-1595

Istanbul, palais et musée de Topkapı

Le Prophète et son épouse sont voilés et nimbés de flammes. Si le Coran n'interdit pas la peinture mais seulement l'idolâtrie, les hadith s'avèrent hostiles à toute représentation figurée d'êtres vivants.

Cet interdit est toutefois peu appliqué, ou tardivement, en Perse et dans le Khôrâsân, ou la peinture islamique connaît un brillant essor, quoiqu'elle soit réservée à la sphère privée.

est jugée plus grave que celle contre Dieu, qui peut se défendre selon son droit (*haqq Allah*), tandis qu'il revient aux hommes de protéger l'honneur de Muhammad (*haqq al-'abd*).

Les savants au service du califat 'abbâsside créent une qualification juridique propre, le *tajdîf*, terme pourtant absent du Coran et des hadith, traduisible par « blasphème » et qui, étymologiquement, désigne l'ingratitude humaine envers les bienfaits de Dieu. Le *tajdîf* est alors surtout mobilisé contre les chrétiens de l'empire islamique. De fait, vers 850, dans l'Espagne musulmane, un groupe de chrétiens se met à insulter publiquement Muhammad. L'un d'eux, Euloge, passe devant le juge de Cordoue. Au lieu de faire amende honorable, comme l'espéraient les autorités islamiques, il proclame publiquement sa foi, obligeant le souverain à l'exécuter, d'ailleurs avec le soutien de l'archevêque de Séville. Le même épisode se reproduit en 1293 au Caire, malgré des tentatives de conciliation des princes mamelouks[20]. Alors qu'il aurait dû relever des tribunaux religieux, le délit de *tajdîf* leur échappe au profit du pouvoir civil, qui veut gérer seul les questions de blasphème afin de garder la main sur les équilibres sociaux et politiques. Le blasphème devient ainsi un crime d'État touchant particulièrement le Prophète.

1
Nous reprenons Émile Durkheim, *Les Formes élémentaires de la vie religieuse. Le système totémique en Australie* [1912], Paris, PUF, « Quadrige », 2013 (7e éd.).

2
Éléments démontrés par Mircea Eliade, *Le Sacré et le Profane* [1965], Paris, Gallimard, « Folio essais », 1988.

3
Michel Fauquier et Jean-Luc Villette, *Pratiques et croyances religieuses des Grecs à l'époque classique*, Huningue, Presses universitaires Rhin & Danube, 2022, p. 214-223.

4
Article « Sacrilege », dans *Encyclopaedia Judaica*, t. XVII, New York, Thomson-Gale, 2007, p. 649-650.

5
Article « Blasphemy », *ibid.*, t. III, p. 741-742, et *Concise Companion to the Jewish Religion*, Oxford University Press, 1999 (rééd. 2003, version électronique) ; Leonard W. Levy, *Blasphemy. Verbal Offense Against the Sacred, from Moses to Salman Rushdie*, New York, Alfred A. Knopf, 1993 ; Thomas Gergely, « Le blasphème selon la Thora et le Talmud », dans Alain Dierkens et Jean-Philippe Schreiber (dir.), *Le Blasphème. Du péché au crime*, Bruxelles, Éditions de l'Université libre de Bruxelles, 2012, p. 61-66.

6
II Rois, 18, 37 ; *Schulchan Arukh*, Yoreh De'ah, 340, 37.

7
Giuseppe Alberigo, *Les Conciles œcuméniques*, t. II-1, Paris, Cerf, 1994, p. 56-58.

8
Ibid., p. 80-82 et 86 ; voir aussi saint Augustin, *La Cité de Dieu*, liv. 18, chap. 51 ; cf. Alain Le Boulluec, *La Notion d'hérésie dans la littérature grecque, IIe-IIIe siècles*, 2 vol., Paris, Études augustiniennes, 1985.

9
La frontière entre blasphème, injure envers Dieu et sacrilège est ténue dans certaines lois mérovingiennes : voir par exemple lettre de Childebert Ier, vers 554, dans *Monumenta Germaniae Historica, Leges*, t. I, p. 2.

10
Article « Sacrilège », dans *Dictionnaire de théologie catholique*, t. XIV-1, Paris, Letouzey et Ané, 1938-1939, p. 692-703.

11
Capitulaire de 810, § 11 (*Monumenta Germaniae Historica, Leges*, t. I, p. 153) ; capitulaire d'octobre 802, § 15 (*ibid.*, p. 110).

12
Patrologia Graeca, t. XXXVII, col. 341B.

13
Capitulaire de 802, § 35 (*Monumenta Germaniae Historica, Leges*, t. I, p. 98) ; capitulaire de 780-790, § 8 (*ibid.*, p. 189) ; capitulaire de 873 (t. II, p. 344) ; cf. Nicole Zeddies, *Religio et sacrilegium : Studien zur Inkriminierung von Magie, Häresie und Heidentum (4-7 Jahrhundert)*, Francfort-sur-le-Main, Peter Lang, 2003.

14
Bruno Lemesle, *Procès en récit. Formes et perception de procès avant l'an mil (IXe-Xe siècles)*, Paris, Classiques Garnier, 2021.

15
Jacques Le Goff (dir.), *Hérésies et sociétés dans l'Europe pré-industrielle*, Paris, La Haye, Mouton et Cie, 1968 ; Monique Zerner (dir.), *Inventer l'hérésie ? Discours polémiques et pouvoirs avant l'Inquisition*, Nice, Centre d'études médiévales, 1998.

16
Nous utilisons la traduction de Jacques Berque. Sur le blasphème dans le Coran, cf. Marwan Sinaceur, « Le Coran pour défaire le terrorisme : analyses empiriques et théologiques », dans Olivier Hanne (dir.), *#Djihad. Un état des savoirs religieux, historiques et sociaux*, Paris, Les Influences, 2023, p. 46-78.

17
Sîra al-nabawiya, éd. Ferdinand Wüstenfeld, Göttingen, 1859, p. 185-186.

18
Ibid., p. 548-553 ; voir aussi hadith d'al-Bukhari n° 3032 (*Livre du djihad et du comportement militaire*, bâb 159) ; cf. Uri Rubin, « The Assassination of Ka'b b. al-Ashraf », *Oriens*, vol. 32, 1990, p. 65-71.

19
Sîra…, op. cit., p. 821-825 ; cf. Géraldine Jenvrin, « L'offense à l'islam dans le *Tafsīr* d'al-Qurṭubī », *MIDÉO*, n° 33, 2018, p. 95-136.

20
Olivier Hanne, *L'Alcoran. Comment l'Europe a découvert le Coran*, Paris, Belin, 2019.

Tu ne prononceras
pas le nom du Seigneur
ton Dieu à faux.

La Bible, Exode, 20, 7

15 Tenture de saint Étienne. Pièce II : le martyre de saint Étienne, scène 4 : saint Étienne amené au consistoire, vers 1500

Paris, musée de Cluny – musée national du Moyen Âge, Cl. 9930 bis

Saint Étienne, un Juif converti au christianisme choisi par les apôtres pour être un de leurs sept premiers diacres, doit se justifier d'une accusation de blasphème devant le Sanhédrin pour avoir parlé « contre Moïse et contre Dieu ». Quelques années après le Christ (vers 36 à 39 de notre ère), il est condamné à mort et lapidé, devenant ainsi le premier martyr (protomartyr) de la chrétienté.
La tenture, composée de douze pièces et mesurant plus de quarante-quatre mètres de longueur au total, raconte en vingt-trois scènes la vie de saint Étienne, puis la découverte et le transport de ses reliques à Rome, ponctués d'épisodes miraculeux. Le procès et le martyre d'Étienne occupent les scènes 4 à 8. Le récit est emprunté à *La Légende dorée* de Jacques de Voragine, sans doute le plus grand succès de la littérature hagiographique médiévale, monumentale compilation de plus de cent cinquante récits de vies de saints et de martyrs chrétiens. La tenture, peut-être tissée aux Pays-Bas, a été offerte par l'évêque d'Auxerre, Jean Baillet, pour la décoration du chœur de son église cathédrale.

·S· estienne·
· estiene fut priz et amene au consistoire des Juifz et accuse par ·
gnagez de blaspheme contre dieu et moise ·

16 Statuette ouvrante : Vierge et Trinité, Prusse occidentale ?, vers 1400

Paris, musée de Cluny – musée national du Moyen Âge, Cl. 12060

Il s'agit d'une sculpture ouvrante, peut-être commandée par l'ordre des chevaliers Teutoniques, fondé sous la protection de la Vierge (*Domus Hospitalis Sancte Marie Theutonicorum Hierosolymitani* : Hospice des Allemands de Sainte-Marie-de-Jérusalem). Ouverte, elle laisse voir la Trinité, sous la forme de Dieu le Père soutenant le corps de Jésus-Christ. Ce type de représentation figurée sera interdit au XVIe siècle, car il peut y avoir le risque d'une piété blasphématoire en imaginant la Trinité *physiquement* présente dans la matrice de la Vierge.

La sécularisation du sacrilège et la religion royale (XIIIe-XVIIe siècle)

Amable Sablon du Corail

Point de sacré sans sacrilège ! L'inverse est tout aussi vrai : lutter contre le sacrilège sous toutes ses formes (hérésie, sorcellerie, blasphème, atteintes aux édifices et aux objets du culte, etc.), c'est rappeler qu'on tient son pouvoir de Dieu. À partir du XIe siècle, les papes affirment ainsi leur autorité sur l'Église d'abord, puis sur les princes séculiers, en qualifiant de sacrilège toute atteinte à leurs prérogatives. Ce faisant, ils puisent leurs références dans le droit de l'Empire romain païen, qui condamnait comme impiété toute remise en cause de l'autorité impériale : de même, contester l'autorité pontificale, y compris dans le champ politique, devient une hérésie. Cependant, les princes séculiers, à commencer par l'empereur du Saint-Empire romain germanique, reprennent à leur compte l'argumentation du pape, quitte à la retourner contre ce dernier.

Car offenser le prince, c'est rejeter l'ordre politique voulu par Dieu. La poursuite du crime de sacrilège contribue à investir le pouvoir monarchique d'une dimension religieuse, déjà manifeste dans l'onction reçue par le monarque lors de la cérémonie du sacre. Le roi de France peut ainsi prendre son autonomie par rapport à l'Église et au pape. La lutte sans cesse croissante contre les comportements jugés déviants favorise le glissement de l'offense faite à Dieu à la lèse-majesté royale, du spirituel au temporel. Peut alors se développer une véritable « religion royale ».

Le moment saint Louis

Le règne de saint Louis, de 1226 à 1270, constitue un moment décisif dans l'histoire du sacrilège et du blasphème en France. La sévérité manifestée par Louis IX à l'égard des jurons blasphématoires et du « vilain serment », c'est-à-dire le serment prêté sur Dieu, la Vierge et les saints, concourt à l'édification de la figure du saint roi. Certes, Philippe Auguste avait déjà promulgué vers 1182 une ordonnance punissant le blasphème[1]. Cependant, pour son petit-fils Louis IX, la lutte contre toutes les formes d'impiété et de sacrilège, dans le cadre d'un projet de purification générale du royaume, devient un élément central du discours politique royal. Ainsi, le programme iconographique des vitraux de la Sainte-Chapelle, construite à Paris entre 1244 et 1248 pour abriter la plus précieuse relique du royaume, à savoir la couronne d'épines portée par le Christ sur la croix, suggère l'assimilation du roi de France aux rois-prêtres de l'Ancien Testament guidant leur peuple vers le salut. Nombreuses sont les verrières consacrées à la dénonciation de l'idolâtrie. Dieu punit sans pitié les Hébreux lorsqu'ils y cèdent; au contraire, il soutient et distingue les rois et les prophètes qui abattent les idoles des Philistins ou combattent le paganisme résiduel du peuple juif (fig. 17).

Ces convictions à la fois intimes, religieuses et politiques, très tôt affirmées chez Louis IX, sont exacerbées par l'échec de la septième croisade, la défaite et la captivité du roi en Égypte. Revenu déçu et traumatisé, le souverain promulgue entre 1254 et 1256 une série d'ordonnances et de règlements visant à « réformer le royaume » et à moraliser l'action des officiers royaux[2]. Interdiction leur est faite « de dire paroles qui tournent au mépris de Dieu, de sa Mère et des saints du Paradis ». S'il est un roi qui « gouverne par la parole » (Jacques Le Goff), Louis IX entend ainsi également la contrôler.

La préparation de la dernière croisade donne lieu à un effort de purification qui dépasse très largement les seuls officiers royaux : il s'agit de ne pas attirer le courroux de Dieu sur la sainte entreprise. Louis IX multiplie les peines d'une extrême sévérité à l'encontre des blasphémateurs. Il fait ainsi brûler au fer rouge les lèvres d'un bourgeois de Paris, sanction sans précédent qui choque les contemporains. Ses initiatives déplaisent au pape lui-même, pour des raisons tant pastorales – mieux vaut convertir le blasphémateur que le tuer ou le mutiler – que politiques. Car c'est bien là que le bât blesse : la prise en main par le pouvoir royal de la lutte contre les paroles outrageant Dieu vise à affirmer son autonomie par rapport à l'Église. La royauté s'engage ainsi dans un processus de sécularisation qui, loin de se confondre avec la laïcisation, se caractérise par un transfert du sacré et du religieux au profit du pouvoir séculier[3].

Le 12 août 1268, Clément IV – le Français Guy Foucois, un ancien conseiller de Louis IX et l'un des rédacteurs principaux des ordonnances de 1254-1256 – adresse au roi une bulle (fig. 18) en forme d'avertissement : les peines infligées aux blasphémateurs ne sauraient aller jusqu'à la mort ou à la mutilation et le pape n'entend pas aggraver les peines prévues par Grégoire IX[4] (canon *Statuimus* de 1234). Sans doute rappelle-t-il ainsi que, en matière de blasphème, le pouvoir séculier ne fait qu'assister le pouvoir spirituel. Il est significatif cependant que Clément IV appelle le roi à la modération, plutôt que de se laisser entraîner dans la surenchère de Louis IX. Suprême habileté, le pape double sa lettre au roi d'une bulle aux termes quasi identiques adressée aux barons du royaume, les invitant

17 Louis-Charles-Auguste Steinheil, aquarelles reproduisant grandeur nature trois vitraux originaux de la 14e fenêtre de la nef au sud, Paris, Sainte-Chapelle (1244-1248). Livre des Rois, 11, 7 : *Salomon adorant les idoles avec les femmes étrangères*, Livre de Samuel, 7, 3 : *Samuel ordonne la destruction des idoles* et *Idole brisée*, vers 1850

Charenton-le-Pont, Médiathèque du patrimoine et de la photographie, G/80/151/16-45, G/80/151/15-15, G/80/151/15-16

Les vitraux de la nef de la Sainte-Chapelle illustrent l'histoire des Hébreux, de la Genèse jusqu'aux règnes de Saül, premier roi d'Israël, de David et de Salomon. Ils s'achèvent sur la réception des reliques de la Passion par Louis IX, qui inscrit ainsi l'histoire du royaume de France dans le prolongement de celle du peuple élu. Chaque baie de la nef contient une centaine de panneaux historiés. Si le récit proposé est fidèle à la Bible, on observe néanmoins la récurrence de certains thèmes : les couronnements des princes d'Israël, les batailles et la lutte contre l'idolâtrie. La baie du Livre des Rois, qui clôt le cycle biblique, insiste particulièrement sur ce dernier aspect du magistère royal, qui est au cœur des relations souvent conflictuelles entre les prophètes et les rois d'Israël. Le prophète Samuel prêche ainsi la destruction des idoles, le renoncement aux pratiques d'inspiration païenne et l'obéissance absolue à Dieu.

18 Bulle sur parchemin de Clément IV adressée à Louis IX, 12 août 1268

Paris, Archives nationales, Trésor des chartes des rois de France, J//360/B, n° 1

à assister le souverain de leur conseil – ce qui est une manière de rappeler les limites du pouvoir d'un roi féodal, qui ne peut légiférer sans l'approbation de ses principaux vassaux et doit le fa re sous le magistère moral de l'Église.

Le roi retient la leçon. Vers 1268-1269, il publie une ordonnance qui porte exclusivement sur le blasphème et condamne à de lourdes amendes ou à la fustigation ceux qui jurent sur un membre du corps de Dieu, de la Vierge ou des saints, ou tiennent de « vilaines paroles » qui « tournent à leur mépris ». Le terme de « blasphème », cependant, n'est guère utilisé dans la législation royale, sinon pour qualifier certains passages du Talmud – mais la législation anti-judaïque, que Louis IX durcit avec une rigueur encore inégalée, fait l'objet d'une réglementation spécifique.

Les procès politico-religieux de Philippe le Bel

La sévérité de saint Louis à l'égard des sacrilèges et des blasphémateurs était déjà jugée singulière et à la limite de l'excès par ses contemporains. Que dire alors de son petit-fils Philippe IV le Bel (r. 1285-1314), qui obtient la canonisation de Louis IX en 1297 et l'a peut-être espérée pour lui-même? Les penchants puritains d'un souverain obsédé par la sainteté de sa race et de sa mission se traduisent par une multiplication sans précédent de procès politico-religieux absolument hors normes et totalement illégaux. Extraordinaire déploiement de coups de force destinés à sidérer l'opinion et les adversaires du pouvoir royal, déchaînement de l'arbitraire judiciaire et policier, ces procédures scandent la chronique de la seconde moitié du règne, du procès de l'évêque de Pamiers Bernard Saisset, qui avait osé critiquer le roi (1301), jusqu'au plus célèbre, le procès des templiers (1307-1314).

Dans un document de travail exceptionnel, une note (fig. 19) rédigée par Guillaume de Nogaret, l'un des principaux conseillers du roi, présentant les charges retenues contre Saisset, se déploie la rhétorique des légistes royaux, accumulant les chefs d'accusation pour mieux les assimiler les uns aux autres : Saisset est un traître au roi, un conspirateur et un rebelle, proférant injures, blasphèmes et paroles outrageantes contre Philippe le Bel ; c'est aussi un simoniaque et un hérétique. Offenser Dieu, c'est offenser le roi, protecteur de la foi et de l'Église. Ainsi, celui-ci est contraint à l'action, avec ou sans l'aval du pape.

Mieux, quelques années plus tard, c'est le pape lui-même que le roi accuse d'hérésie, de sodomie et d'idolâtrie. Le conflit qui oppose Boniface VIII à Philippe le Bel se termine par la victoire complète du roi de France. En 1305, un pape français, Clément V, est élu, qui quitte Rome pour s'installer en Avignon.

En 1307, Philippe le Bel viole les privilèges de l'ordre militaire du Temple, placé sous l'autorité exclusive et directe du pape, en ordonnant l'arrestation de l'ensemble des frères résidant dans le royaume, au prétexte de folles rumeurs d'hérésie circulant sur leur compte. Pour justifier son coup de force, le roi a besoin de preuves irréfutables; des aveux extorqués sous la torture en tiendront lieu. À Paris, sur cent trente-huit templiers soumis à la question, seuls quatre résistent et refusent d'avouer quoi que ce soit. Scandalisé, mais dépassé par les événements, le pape ne reprend la main qu'au prix de la dissolution de l'ordre du Temple, dont les biens sont transférés à l'ordre des Hospitaliers de Saint-Jean. Clément V abandonne également à leur sort les principaux dignitaires de l'ordre, qui sont jugés par une assemblée de prélats parisiens qui n'osent s'opposer au roi. Le 14 mars 1314, le grand maître Jacques de Molay et le commandeur de Normandie Geoffroy de Charnay sont brûlés vifs pour être revenus sur leurs aveux et avoir clamé leur innocence[5].

Au même moment (1308-1311) a lieu le procès de Guichard, évêque de Troyes, accusé d'avoir fait mourir la reine Jeanne de Navarre, épouse de Philippe le Bel, par envoûtement au moyen d'une figurine de cire piquée, brisée et brûlée. L'instruction, confiée à une commission de trois prélats nommés par le pape, y ajoute bien d'autres « crimes énormes et sacrilèges, pour l'offense de la majesté divine, le danger du mauvais exemple et le scandale du grand nombre »: l'empoisonnement de la belle-mère du roi, de multiples abus de pouvoir, l'usure, le blasphème, la fornication et l'adultère, etc. Près de deux cents témoins sont entendus, dont les dépositions noircissent un monumental rouleau de parchemin de cinquante-trois mètres de long (fig. 20). Beaucoup ne font que rapporter des rumeurs, qui, ainsi transformées en renommée commune (*fama publica*), justifient la procédure judiciaire et insinuent la culpabilité du prévenu. D'autres dénoncent les pratiques (corruption, favoritisme, abus de pouvoir) d'un prélat qui n'était certes pas sans reproches. Ils détruisent la réputation d'un homme présenté comme voué au mal, conçu par un démon qui aurait « infesté » sa mère pendant la nuit. Guichard lui-même

19 Un juriste du roi au travail. Note sur parchemin de Guillaume de Nogaret présentant les charges pesant sur Bernard Saisset, évêque de Pamiers, et résumant la procédure engagée contre lui, 1301

Paris, Archives nationales, Trésor des chartes des rois de France, J//336, nº 9/1

Ce brouillon, entièrement écrit de la main de Guillaume de Nogaret, porte de nombreuses retouches destinées à produire un texte définitif le plus précis et le plus rigoureux possible du point de vue du roi.

doit concéder qu'il a eu connaissance d'une partie des rumeurs colportées sur son compte[6].

Finalement, quel bilan tirer de ces procès spectacles? Tout d'abord, que le roi de France, s'il a abaissé la papauté comme jamais aucun empereur n'y était parvenu auparavant, a cependant été contraint de respecter le droit canonique. Bernard Saisset est finalement réhabilité et la procédure engagée contre Guichard de Troyes s'éteint d'elle-même avec le transfert du prévenu à un siège en Bosnie. Enfin, le pape sauve également son autorité sur les ordres militaires, le roi n'ayant pu s'approprier les terres et les commanderies templières. En revanche, les grandes affaires politico-judiciaires du règne sont l'occasion d'exprimer pour la première fois la thèse suivant laquelle l'Église de France, placée sous la tutelle du roi, doit être indépendante de la papauté, à laquelle on ne reconnaît qu'un pouvoir spirituel. Ce qu'on appelle le «gallicanisme» va dès lors se diffuser en profondeur chez les juristes du roi et plus largement au sein des élites du royaume.

Jusqu'au concordat de Bologne (1516), le roi de France et le pape se disputent régulièrement l'attribution des bénéfices ecclésiastiques, mais, après Philippe le Bel, les prélats français affichent une fidélité sans faille à l'égard de leurs souverains : aux XIVe et XVe siècles, les évêques sont autant au service du roi qu'à celui de l'Église. D'ailleurs, siéger au Conseil du roi ou dans ses grandes administrations (Parlement, Chambre des comptes, Cour des aides...) est encore le plus sûr moyen de gagner la faveur du roi et ainsi d'être élu à un siège épiscopal sur sa recommandation – et, pour les plus heureux, de recevoir la pourpre cardinalice.

La religion royale

La guerre de Cent Ans (1337-1453) est un temps de crise majeure pour la monarchie française, dont le pouvoir est d'abord violemment contesté, sur fond de défaites militaires et de révoltes antifiscales. En 1355, à l'occasion des états généraux réunis pour accorder au roi Jean le Bon les subsides nécessaires à la conduite de la guerre contre les Anglais, le théologien Nicolas Oresme rédige un traité politique majeur, *De la monnaie* (*De moneta*), qui critique violemment la politique de dévaluation monétaire prescrite par Jean le Bon. La monnaie est un bien appartenant à la communauté, non au roi; le prince qui lèse la communauté est un tyran, et «tyran ne peut longuement durer». Le souverain doit œuvrer pour l'utilité commune de ses sujets

20 Rouleau de parchemin de l'interrogatoire des témoins entendus par les commissaires chargés d'enquêter sur Guichard, évêque de Troyes, 1309

Paris, Archives nationales, Trésor des chartes des rois de France, J//438/B, n° 6

21 « Entrée de Charles VII à Caen en 1450 », enluminure, dans Jean Chartier, *Chronique du règne de Charles VII*, vers 1470

Paris, Bibliothèque nationale de France, Fr 2691, fol. 209v (195v)

Les bourgeois de Caen présentent au roi de France les clés de leur ville après la reddition de la garnison anglaise lors de la reconquête victorieuse de la Normandie, en 1449-1450. Charles VII est ici représenté en armure et couronné. En raison des circonstances, le dais est porté par quatre hommes d'armes. En principe, ce rôle revient aux échevins ou aux notables des villes, qui manifestent ainsi leur loyauté et leur déférence à l'égard du roi, véritable « image de Dieu » sur Terre, honoré comme le Saint-Sacrement lors de la Fête-Dieu. Les premières entrées du roi dans chacune de ses « bonnes villes » ne cessent de gagner en faste et en complexité, mobilisant des cortèges toujours plus importants. Ces cérémonies, organisées par les autorités royales et municipales, sont le lieu d'un dialogue subtil qui s'exprime notamment par une décoration provisoire très symbolique et dans des représentations théâtrales chargées de sens.

et non pour son profit particulier. Au cours de sa démonstration, tout imprégnée de la pensée d'Aristote qui triomphe alors à l'Université et dont il va lui-même traduire en français les œuvres principales, Nicolas Oresme ne fait aucune allusion au caractère sacré du pouvoir royal.

Pourtant, très vite, les Valois reprennent la main. L'échec de la révolution parisienne d'Étienne Marcel, la victoire de Charles V sur son grand rival Charles de Navarre puis sur les Anglais, enfin la violente répression des insurrections urbaines de 1380-1383 conduisent à l'établissement d'un premier absolutisme fondé sur l'impôt arbitraire, levé sans le consentement des assemblées représentatives. En 1386, l'avocat du roi Jean Le Coq n'hésite pas à affirmer que s'opposer à l'impôt royal est un sacrilège. La victoire des Valois s'accompagne en effet d'un effort sans précédent en vue de sacraliser le pouvoir royal. En 1389, le jeune Charles VI entreprend une grande tournée dans le Midi : pour la première fois lors des entrées inaugurales dans les villes du Languedoc, on porte un dais au-dessus de la personne du roi, comme on le fait avec le Saint-Sacrement lors des processions religieuses. Dès lors, les entrées du monarque dans ses « bonnes villes » deviennent l'une des principales liturgies de la « religion royale » en formation, et ce jusqu'à la fin de l'Ancien Régime (fig. 2).

Le superlatif « très chrétien » est de plus en plus employé et réservé au roi de France – qualité que le pape lui-même lui reconnaît en 1469. Dès lors, comment imaginer contester les décisions d'un roi très chrétien dont l'action est tout entière tournée vers le bien ? Et pourquoi vouloir limiter son pouvoir[7] ?

Paradoxalement, la fin du Moyen Âge est une période de marginalisation relative de la cérémonie du sacre. Depuis la réforme grégorienne, l'Église s'est efforcée de minimiser la valeur de ce rite, considéré comme une solennité et non comme un sacrement qui serait égal, par exemple, à l'ordination sacerdotale. Surtout, la querelle autour de la succession au trône de France, après l'extinction des Capétiens directs en 1328, débouche sur l'affirmation du principe d'hérédité : ce n'est pas le sacre qui fait le roi, mais la mort de son prédécesseur. C'est du moins ce qu'affirment les légistes partisans des Valois ; cependant, l'épopée de Jeanne d'Arc et le sacre de Charles VII à Reims en 1429 montrent toute la force légitimatrice que cette cérémonie conserve aux yeux des sujets du roi.

Un temps arrêtée par la folie de Charles VI, la guerre civile entre Armagnacs et Bourguignons puis l'occupation anglaise, la marche vers l'absolutisme reprend de plus belle dans les années 1440. La victoire de Charles VII sur les Anglais et les succès remportés par son fils Louis XI sur les princes qui s'opposaient à lui, notamment les ducs de Bourgogne, sont accompagnés par une banalisation des poursuites pour crime de lèse-majesté, aboutissement d'un processus qui s'était accéléré dès le règne de Philippe VI (1328-1350). Le développement de la notion de lèse-majesté est un corollaire de la sacralisation de la royauté et de la dynastie régnante[8]. En effet, l'ancienne *Lex julia de majestate*, attribuée à Jules César puis reprise et commentée par les empereurs romains, rapprochait la lèse-majesté du sacrilège et la définissait comme toute atteinte portée à la grandeur ou à la vie du prince. Désormais, un seigneur qui se rebelle contre le roi n'est plus un vassal usant de son droit de résistance mais un traître, criminel de lèse-majesté, passible de la peine de mort.

La monarchie sacrée à l'épreuve des guerres de Religion

Tandis que la monarchie détruit méthodiquement tous les pouvoirs concurrents qui pourraient s'opposer au triomphe de l'État royal absolutiste, le sacrilège du quotidien – jurons blasphématoires, vol d'objets du culte, pillage d'édifices religieux – est à peine poursuivi par les autorités. Tout juste arrive-t-il que, en temps de crise politique ou à la veille d'une campagne militaire, on édicte quelque mandement ou ordonnance prescrivant de poursuivre sans faiblesse les blasphémateurs, susceptibles d'attirer la colère de Dieu et le malheur sur le royaume. Leurs effets judiciaires paraissent avoir été faibles, voire nuls : quelques marginaux sont frappés d'une amende ou mis au pain sec et à l'eau pendant quelques jours (fig. 23).

Ce traitement différencié entre le sacrilège à portée politique, cruellement réprimé y compris lorsqu'il est inventé de toutes pièces, et le tout-venant des offenses qu'une société profondément religieuse ne peut manquer de sécréter cesse avec la Réforme protestante. Dès lors que les doctrines de Luther et de Calvin se diffusent dans tout le royaume, blasphémer contre la Vierge ou les saints peut marquer l'adhésion à des thèses hérétiques qui remettent en cause les fondements de l'ordre politico-religieux. En France, l'affaire dite « des Placards » agit comme un électrochoc sur la conscience de François Ier, auparavant plutôt favorable à une réforme modérée de l'Église : dans la nuit du 17 au 18 octobre 1534, des

22 Charles Sevin de La Penaye, d'après Hyacinthe Rigaud, *Jacques-Bénigne Bossuet*, début du XVIIIe siècle

Paris, palais de l'Institut, dépôt du musée national des châteaux de Versailles et de Trianon, MV 2923

Jacques-Bénigne Bossuet (1627-1704), précepteur du dauphin (le fils de Louis XIV), membre de l'Académie française (1671) puis évêque de Meaux (1681), est l'un des prélats les plus éloquents de son temps, célèbre pour la qualité de ses sermons et de ses oraisons funèbres. En matières religieuse et politique, il se fait le chantre des libertés de l'Église gallicane face au pape et de la monarchie héréditaire et absolue, notamment dans sa *Politique tirée des propres paroles de l'Écriture sainte*, parue après sa mort: « Il faut donc obeir aux princes comme à la justice même, sans quoi il n'y a point d'ordre ni de fin dans les affaires. Ils sont des dieux, et participent en quelque façon à l'indépendance divine. »

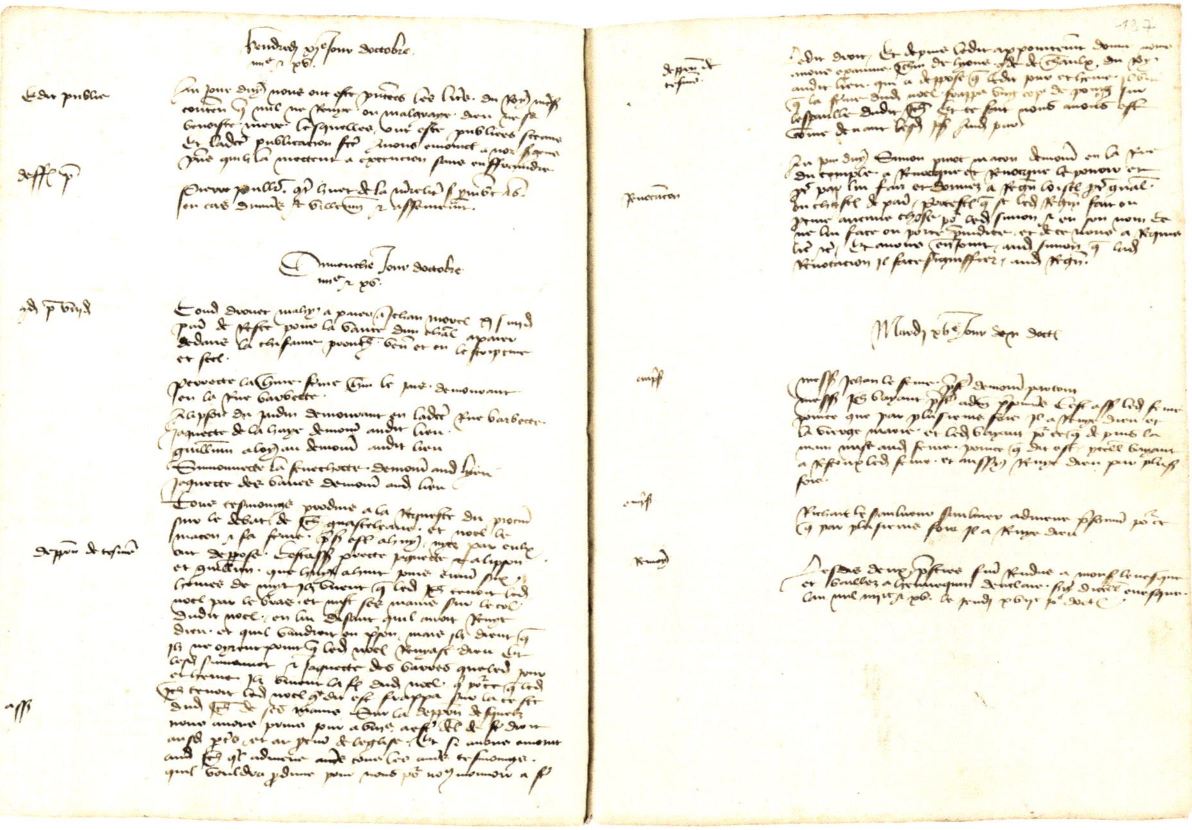

23 Registre d'audience de la justice du Temple, 30 mars 1414-14 juillet 1420

Paris, Archives nationales, juridictions ordinaires royales et seigneuriales, Z/2/3756, fol. 136v-137

Au Moyen Âge, Paris compte de très nombreuses justices seigneuriales, dont celle du Temple, exercée par l'ordre des Hospitaliers, dans l'actuel quartier du Marais. Parmi les affaires traitées, on y trouve le tout-venant de la délinquance ordinaire : voies de fait, rixes, insultes, vols, dettes impayées, ainsi que quelques très rares poursuites pour blasphème, liées à un contexte particulier. Le registre ici présenté mentionne, à la date du 11 octobre 1415, la publication de lettres royales ordonnant « que nul ne renie Dieu, ou maugrée Dieu ni sa benoîte [bénie] mère » la Vierge. Le mandement intervient alors que les armées royales s'apprêtent à combattre les Anglais : il s'agit de ne pas attirer sur elles la colère divine. Sur la page de gauche, on relève l'arrestation de deux prêtres, dont l'un est qualifié de « demeurant partout », c'est-à-dire sans domicile fixe, et d'un saunier qui ont « renié Dieu ».
Le 25 octobre 1415, les Français étaient écrasés à la bataille d'Azincourt.

24 Antoine Marcourt, *Articles veritables sur les horribles, grandz & importables abuz de la messe papalle inventee directement contre la saincte Cene de Jesus Christ*, Neuchâtel, [imprimeur Pierre de Vingle], 1534

Lyon, musée de l'Imprimerie et de la Communication graphique, inv. 351

Ce placard met directement en cause, dans des termes d'une extrême violence, le dogme catholique de la transsubstantiation, par laquelle le pain et le vin se changent en corps et en sang du Christ lors de l'eucharistie tout en conservant leur apparence initiale. Les théologiens protestants ont proposé d'autres thèses, souvent divergentes. Toujours est-il que le ton employé et la provocation inouïe qu'a été l'affichage du placard sur la porte de la chambre du roi avivent les tensions religieuses et ruinent les efforts des réformateurs modérés en vue de trouver un compromis acceptable par tous.

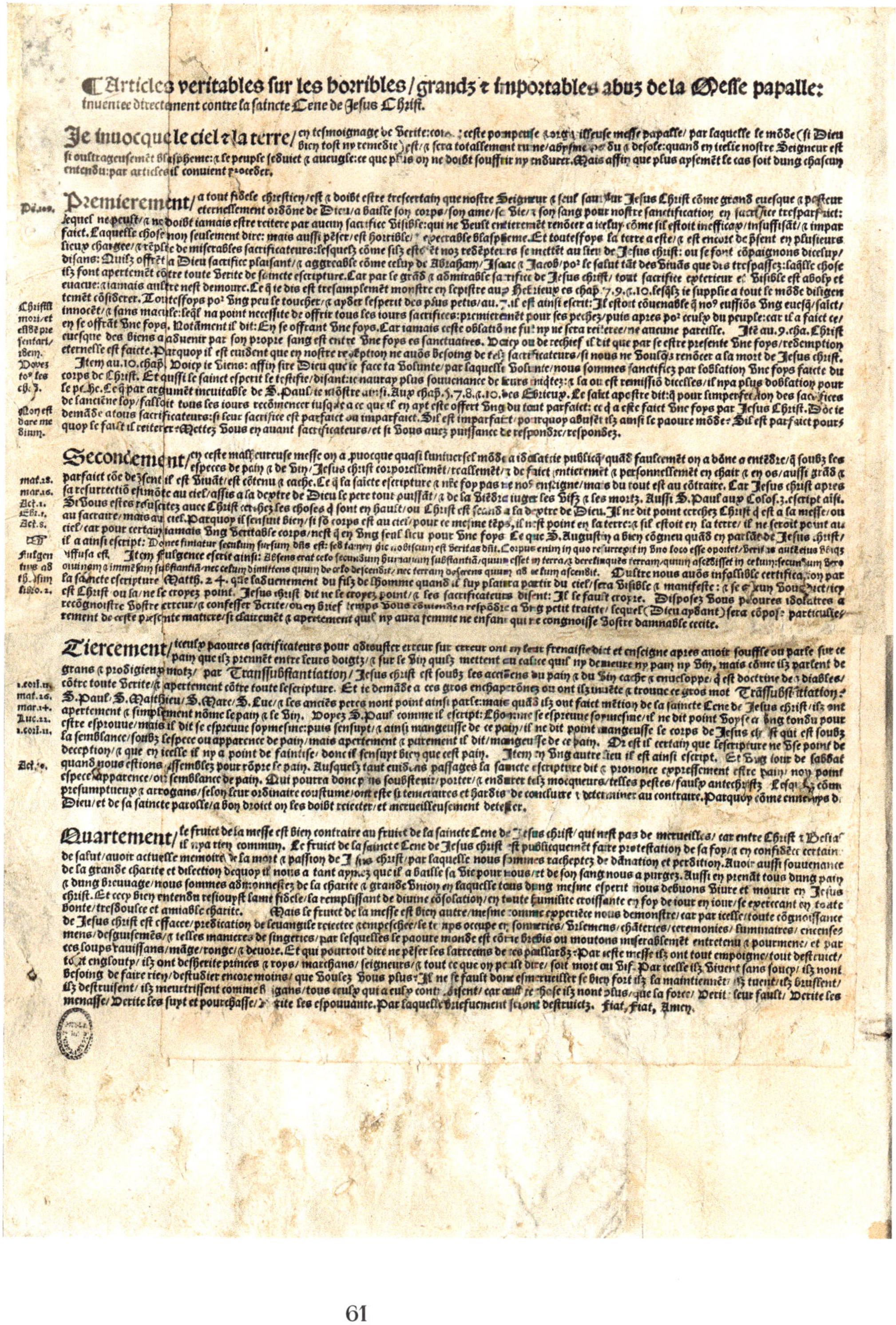
Articles veritables sur les horribles/ grandz & importables abuz de la Messe papalle:
inventee directement contre la saincte Cene de Jesus Christ.

25 *Les sorceleries de Henry de Valois, et les oblations qu'il faisoit au diable dans le bois de Vincennes. Avec la figure des demons, d'argent doré, ausquels il faisoit offrandes; & lesquels se voyent encores en ceste ville*, [s.l.], imprimé chez Didier Millot, 1589

Paris, Bibliothèque Mazarine, 8° 35295-20, page de titre

Henri III (r. 1574-1589) est le premier roi de France à être caricaturé par ses propres sujets. Cette représentation du monarque sous la forme d'un monstre polymorphe figure en frontispice d'un libelle de la Ligue catholique imprimé après son assassinat en 1589. La symbolique de cette gravure fut commentée par la suite, jusqu'en plein XVIIIe siècle : « Ils lui ont fait la tête d'un lion furieux couverte d'une grande perruque relevée par derrière pour montrer qu'il joint au luxe et à l'amour-propre l'audace et l'arrogance du lion [...]. Les mamelles de femme qui sont au-dessous marquent que ce prince efféminé a confondu la nature même en étant pour ainsi dire hermaphrodite dans ses excès [...]. Le petit portrait qu'il tient dans sa main droite est celui du perfide Machiavel sur lequel il s'est réglé depuis qu'il est sur le trône[1]. »

LES SORCELERIES DE HENRY DE VALOIS, ET LES OBLATIONS qu'il faisoit au diable dans le bois de Vincennes.

Avec la figure des demons, d'argent doré, ausquels il faisoit offrandes ; & lesquels se voyent encores en ceste ville.

Chez Didier Millot, pres la porte S. Iacques. 1589.

AVEC PERMISSION.

1 Annie Duprat, *Les Rois de papier. La caricature de Henri III à Louis XVI*, Paris, Belin, 2002, p.112-118.

affiches violemment anticatholiques sont placardées dans plusieurs villes du royaume et jusque sur la porte de la chambre du roi, à Amboise (fig. 24).

La justice royale, longtemps retenue, se déchaîne alors contre ce qui va devenir pour les autorités « la religion prétendue réformée ». De nombreux notables favorables au protestantisme sont envoyés au bûcher. Las! Les idées nouvelles gagnent une grande partie de la noblesse et de la bourgeoisie des villes, puissamment aidées par le développement de l'imprimerie. C'est du reste l'origine du dépôt légal des imprimeurs, tenus de remettre au garde de la bibliothèque du roi un exemplaire de toute leur production afin que les autorités puissent s'assurer de l'orthodoxie de son contenu (ordonnance de Montpellier, 1537).

Le roi avait bien raison de s'alarmer des conséquences de la Réforme! Théologiens et penseurs protestants ne tardent pas à remettre en cause la monarchie sacrée. Pour ces « monarchomaques », dont le plus connu est François Hotman, toute la souveraineté réside dans le « peuple » – c'est-à-dire en fait ses élites, et plus particulièrement la noblesse. Leur argumentation est d'ordre historique et se réfère aux grandes assemblées des guerriers et des aristocrates mérovingiens et carolingiens préfigurant les états généraux, voire aux traditions politiques des cités gauloises. La relation entre le roi et ses sujets devient alors ici purement contractuelle[9]. Alors que l'exaltation de la dynastie royale avait été la matrice du sentiment national français jusqu'à la fin du Moyen Âge, l'affaiblissement du prestige personnel des souverains sous les derniers Valois débouche donc sur la valorisation des origines gauloises et franques du peuple français.

Un apogée en trompe-l'œil : l'absolutisme au XVIIe siècle

La reprise en main du royaume par Henri IV et ses successeurs se traduit par l'affirmation de ce qu'il est convenu d'appeler l'absolutisme. En réalité, les Bourbons ne font guère plus que ressusciter un cadre de pensée et des pratiques fort anciens. Comme Charles VI et Charles VII, Louis XIII et Louis XIV s'attaquent aux assemblées représentatives, qui disparaissent les unes après les autres à l'exception des états de Bretagne, de Bourgogne et de Languedoc. Cependant, les progrès du rationalisme minent d'avance l'édifice péniblement rebâti. Dans sa *Politique tirée des propres paroles de l'Écriture sainte* (1709, posthume), Bossuet (fig. 22) tente ainsi de concilier la foi et la raison. Il démontre que « le gouvernement monarchique est le meilleur », avant d'affirmer que « la personne des rois est sacrée, et qu'attenter sur eux, c'est un sacrilège ». Pour lui, en effet, la monarchie est d'abord « un ouvrage de raison et d'intelligence[10] ». Dans la lignée des « Miroirs des princes » du Moyen Âge, il dresse un minutieux portrait du bon roi, laissant à Dieu le soin de punir le prince inutile et le tyran.

Pour autant, le développement extraordinaire du cérémonial de cour, la célébration voire la divinisation de la personne royale ne suffisent pas à masquer et encore moins à freiner le processus de désacralisation qui est à l'œuvre à partir des guerres de Religion. Depuis Henri III, le roi est même caricaturé et représenté en animal monstrueux (fig. 25).

Pour la première fois depuis l'avènement des Capétiens, deux souverains sont assassinés : Henri III en 1589 et Henri IV en 1610. Sous Louis XIV (r. 1643-1715), libelles et dessins infamants ou satiriques, publiés à l'étranger, échappent à la censure royale et circulent en France. C'est en vain que le roi lutte contre les progrès de « l'impiété » et même de l'athéisme, qui tendent à se répandre dans la haute société. Deux déclarations de 1651 et 1666 renouvellent l'interdiction du blasphème ; à la cinquième et à la sixième récidive, il est prescrit de fendre les lèvres des coupables. Cependant, la déclaration de 1651 est la dernière qui évoque en préambule le risque d'une vengeance divine contre le royaume. Les textes postérieurs font du blasphème un sujet essentiellement social : il est devenu un enjeu d'ordre public.

1
Corinne Leveleux-Teixeira, *La Parole interdite. Le blasphème dans la France médiévale (XIIIe-XVIe siècles). Du péché au crime*, Paris, De Boccard, 2002, p. 295-296.

2
Marie Dejoux, « La fabrique d'une loi », *Médiévales*, n° 79, 2020, p. 189-208.

3
Jean-Marie Carbasse, « Sécularisation et droit pénal », *Droits*, n° 60, 2014, p. 13-38.

4
Jean Richard, *Saint Louis, roi d'une France féodale, soutien de la Terre sainte*, Paris, Fayard, 1983, p. 286-287.

5
Julien Théry, « Une hérésie d'État. Philippe le Bel, le procès des "perfides templiers" et la pontificalisation de la royauté française », *Médiévales*, n° 60, 2011, p. 157-185.

6
Alain Provost, *Domus diaboli. Un évêque en procès au temps de Philippe le Bel*, Paris, Belin, 2010.

7
Jacques Krynen, *L'Empire du roi. Idées et croyances politiques en France, XIIIe-XVe siècle*, Paris, Gallimard, 1993, p. 345-384.

8
Jacques Chiffoleau, « Sur le crime de majesté médiéval », *Genèse de l'État moderne en Méditerranée*, École française de Rome, 1993, p. 183-213.

9
Arlette Jouanna, *Le Devoir de révolte. La noblesse française et la gestation de l'État moderne, 1559-1661*, Paris, Fayard, 1989, p. 167 et suiv.

10
Ran Halévi, « La désacralisation de la royauté », dans *Le Corps, la Famille et l'État. Hommage à André Burguière*, Rennes, Presses universitaires de Rennes, 2010, p. 233-246, en ligne: https://books.openedition.org/pur/104040.

Et j'ai entendu dire
qu'il avait fait brûler
et marquer au fer rouge
le nez et les lèvres
d'un bourgeois de Paris,
pour un blasphème
qu'il avait fait.

Jean de Joinville,
Vie de saint Louis, 1309

26 Couteau à trancher, dit « couteau de saint Louis », début du XIIIe siècle

Abbaye de Longpont, collection particulière

Au Moyen Âge, lors de grandes occasions, il revenait aux écuyers tranchants, ou à de plus prestigieux personnages, de couper les viandes servies au roi. Ce couteau, dont la lame a été raccourcie et qui a été pourvu d'un nouveau manche au XIXe siècle, fait partie d'une paire de couteaux à trancher avec laquelle le comte de Soissons servit le jeune Louis IX, alors âgé de treize ans, lors du banquet donné après la dédicace de l'église abbatiale de Longpont, le 24 octobre 1227.

27 Cartulaire des frères des Billettes, miniature représentant le sacrilège du 12 avril 1290, début du XVIe siècle

Paris, Archives nationales, musée, AE/II/583 (anciennement LL//1491)

Le 12 avril 1290, à Paris, un juif, ayant acheté d'une servante chrétienne une hostie consacrée, l'aurait jetée dans une chaucière d'eau bouillante. L'hostie, demeurée intacte, se serait alors mise à saigner. Le juif fut condamné à être brûlé vif, ses biens saisis et sa maison rasée et remplacée par le couvent des frères de la Charité-Notre-Dame, dit des Billettes (plus tard des Carmes déchaussés). Cette affaire est à mettre en rapport avec la dévotion croissante pour le Saint-Sacrement, c'est-à-dire le pain (hostie) et le vin consacrés pendant la messe. Le saignement de l'hostie rend en effet manifeste aux yeux du public la présence réelle du Christ dans les deux espèces. Le contexte général se traduit par ailleurs par la dégradation progressive de la condition des juifs en Europe, tout particulièrement en France, où ils subissent des mesures d'expulsion hors du royaume en 1254, 1306, 1322 et 1394.

28 Moulage du sceau de Louis X le Hutin, 1314

Paris, Archives nationales, Centre de sigillographie et d'héraldique, D 49

D'Henri Ier à Philippe le Bel, l'expression de la majesté sur le grand sceau royal est établie sur le modèle du roi assis sur un siège à protomés (avec la tête ou l'avant-corps d'animaux), tenant un sceptre et un fleuron. Avec Louis X (r. 1314-1316), la composition s'enrichit d'une main de justice et surtout d'un dais surmontant le trône, deux éléments assurant un surcroît de sacralité à la représentation du souverain, peu après la canonisation de saint Louis en 1297.

29 Moulage du sceau de Jean le Bon, 1350

Paris, Archives nationales, Centre de sigillographie et d'héraldique, D 58

Le modèle ludovisien du sceau royal demeure en usage jusque sous Philippe VI de Valois (r. 1328-1350). Il évolue sensiblement sous Jean le Bon (r. 1350-1364). Le roi est assis sur un siège formé de deux aigles drapées, ses pieds reposant sur deux lions, évoquant le trône de Salomon.

30 Moulage du sceau de Jean de Berry, 1410

Paris, Archives nationales, Centre de sigillographie et d'héraldique, D 421

La sacralisation croissante de la dynastie française s'étend aux cadets. Jean, duc de Berry, fils de Jean le Bon, dispose d'un sceau en pied manifestant son statut particulier, entre le commun des nobles et des seigneurs, représentés à cheval, et le roi siégeant sur son trône. Comme son frère Louis, duc d'Anjou, Jean de Berry est représenté avec une couronne sans pointe, bâton et gants, au cœur d'encadrements architecturés renvoyant aux chantiers monumentaux patronnés par lui.

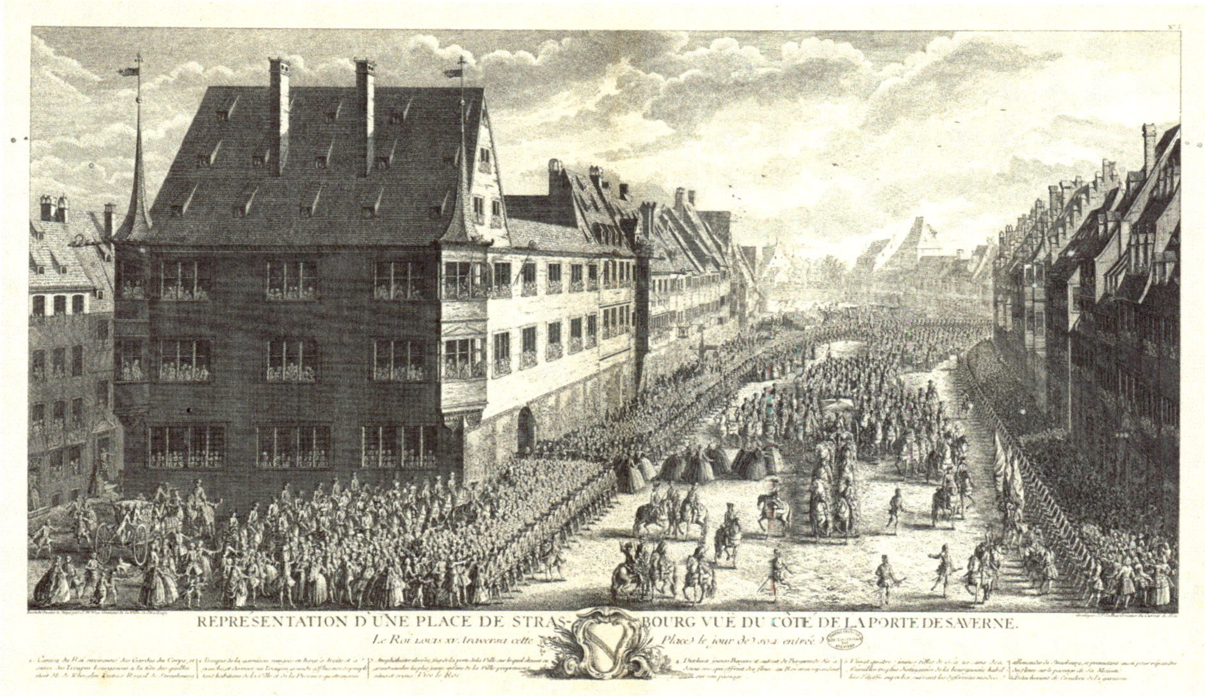

31 Jean-Martin Weis, *Représentation des fêtes données par la ville de Strasbourg pour la convalescence du roi, à l'arrivée et pendant le séjour de Sa Majesté en cette ville*, Paris, Impr. Laurent Aubert, 1744

Paris, Archives nationales, Bibliothèque historique, H X 30

Cette entrée royale, la première depuis l'annexion de Strasbourg par Louis XIV en 1681, a lieu alors que Louis XV, à peine remis d'une grave maladie, rejoint ses armées en pleine guerre de succession d'Autriche (1740-1748).

32 Jacques Tortorel et Jean-Jacques Perrissin, *Le Massacre fait à Tours par la populace au mois de juillet 1562*, 1570

Société de l'histoire du protestantisme français, chrono XVI-36

Cette estampe fait partie d'une série de *Quarante tableaux [...] touchant les guerres, massacres et troubles advenus en France en ces dernières années*, commandée par deux marchands protestants réfugiés à Genève. Vendus à l'unité ou sous forme de recueils complets, ces tableaux connaissent alors un grand succès et une large diffusion, contribuant à façonner l'imaginaire et les représentations des guerres de Religion. Conçu comme un reportage d'actualité par l'image, l'ouvrage de Tortorel et Perrissin donne une lecture protestante des événements. Ainsi, le massacre de 1562 faisait suite à la violente occupation de Tours par les protestants, qui s'était traduite par de nombreuses destructions iconoclastes.

33 Vase représentant trois épisodes de la vie de l'empereur Constantin (274-337) : *La Rencontre de Constantin et d'Hélène* ; *Le Pape Sylvestre domptant l'hérésie* ; *La Destruction des idoles* (ici visible), faïence bleue de Delft (Pays-Bas), 1664-1671

Sèvres – Manufacture et Musée nationaux, MNC 22413

Les scènes représentées sur ce vase, toutes relatives à la conversion au christianisme de l'empereur romain Constantin (274-337), sont inspirées de cartons de tapisseries de Jules Romain (1482-1546), exécutées pour le Vatican. Le vase a été produit par la manufacture Het Jonge Moriaenshooft à Delft, dans les Provinces-Unies (actuels Pays-Bas), alors le centre d'une abondante production de céramiques destinées aussi bien au marché local qu'à l'exportation. Les sujets retenus sont de nature à satisfaire une clientèle aussi bien protestante (sensible à la destruction des représentations du divin) que catholique (représentation de sainte Hélène et du pape Sylvestre).

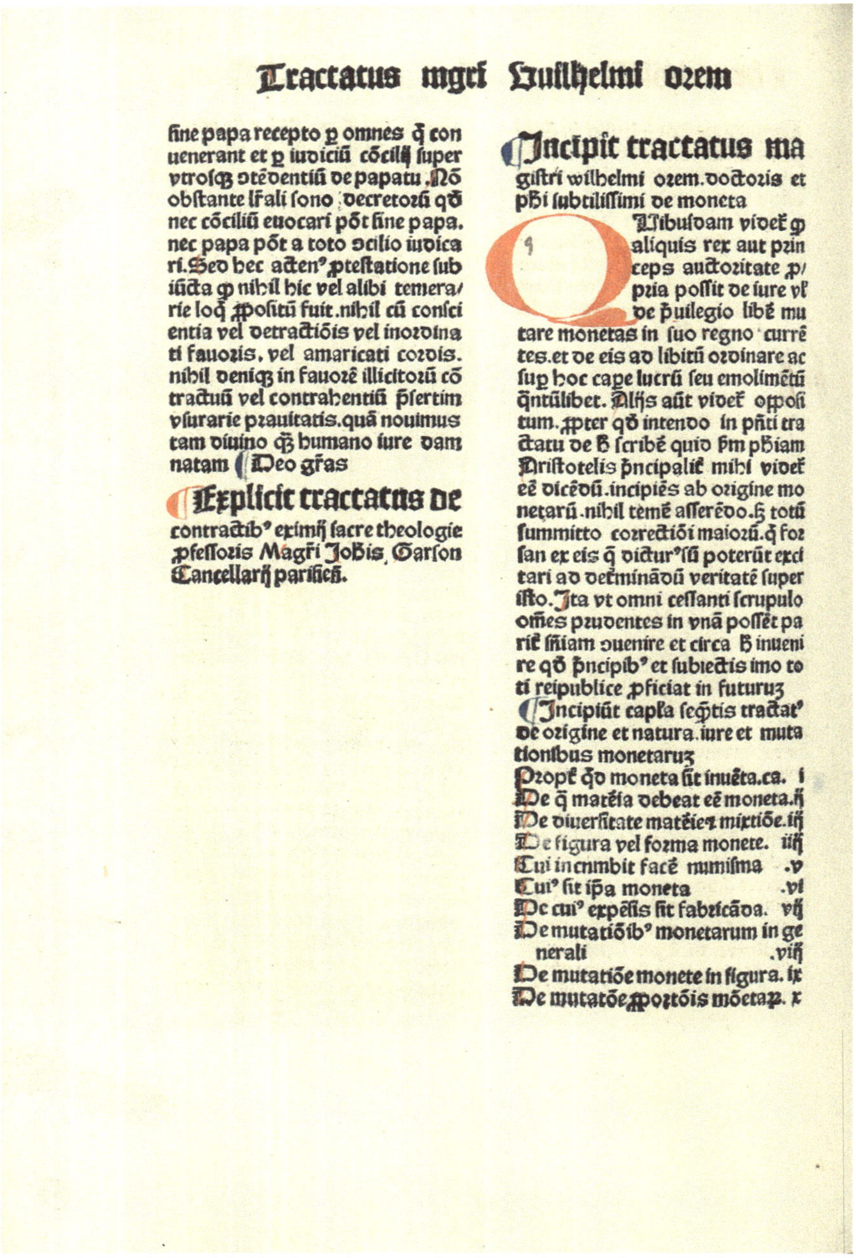

Tractatus mgri Guilhelmi orem

fine papa recepto p omnes q̃ con
uenerant et p iudiciũ cõcilij super
vtroſq̃ ɔtẽdentiũ de papatu. Nõ
obſtante lr̃ali ſono decretorũ qd̃
nec cõciliũ euocari põt ſine papa.
nec papa põt a toto ɔcilio iudica
ri. Sed hec actenꝰ ꝓteſtatione ſub
iũcta ꝙ nihil hic vel alibi temera/
rie loq̃ ꝓpoſitũ fuit. nihil cũ conſci
entia vel detractiõis vel inordina
ti fauoris. vel amaricati cordis.
nihil deniq̃ in fauorẽ illicitorũ cõ
tractuũ vel contrahentiũ ꝑſertim
vſurarie prauitatis. quã nouimus
tam diuino q̃ȝ humano iure dam
natam Deo gr̃as

Explicit tractatus de contractibꝰ eximij ſacre theologie ꝓfeſſoris Magr̃i Johis Garſon Cancellarij pariſieñ.

Incipit tractatus magiſtri wilhelmi orem. doctoris et ph̃i ſubtiliſſimi de moneta

Quibuſdam videt̃ ꝙ
aliquis rex aut prin
ceps auctoritate ꝓ/
pria poſſit de iure vl̃
de ꝑuilegio libẽ mu
tare monetas in ſuo regno currẽ
tes. et de eis ad libitũ ordinare ac
ſup hoc cape lucrũ ſeu emolimẽtũ
q̃ntũlibet. Alijs aũt videt̃ oppoſi
tum. ꝓpter qd̃ intendo in p̃nti tra
ctatu de h̃ ſcribẽ quid ſm ph̃iam
Ariſtotelis ꝑncipalit̃ mihi videt̃
eẽ dicẽdũ. incipiẽs ab origine mo
netarũ. nihil temẽ aſſerẽdo. ȝ totũ
ſummitto correctiõi maiorũ. q̃ for
ſan ex eis q̃ dicturꝰ ſũ poterũt exci
tari ad determinãdũ veritatẽ ſuper
iſto. Jta vt omni ceſſanti ſcrupulo
om̃es prudentes in vnã poſſẽt pa
rit̃ ſñiam ɔuenire et circa h̃ inueni
re qd̃ ꝑncipibꝰ et ſubiectis imo to
ti reipublice ꝓficiat in futuruȝ

Incipiũt capl̃a ſeq̃ntis tractatꝰ de origine et natura. iure et mutationibus monetaruȝ

Propt̃ q̃d moneta ſit inuẽta. ca. i
De q̃ matẽia debeat eẽ moneta. ij
De diuerſitate matẽie ⁊ mixtiõe. iij
De figura vel forma monete. iiij
Cui incumbit facẽ numiſma .v
Cuiꝰ ſit ip̃a moneta .vi
De cuiꝰ expẽſis ſit fabricãda. vij
De mutatiõibꝰ monetarum in generali .viij
De mutatiõe monete in figura. ix
De mutatõe ꝓportõis mõetaꝝ. x

34 Nicolas Oresme, *De moneta*, 1355; inclus dans les *Librorum ac tractatuum doctoris consolatorii egregii viri Magistri Johannis Gerson Cancellarii parisiensis*, Cologne, 1484

Bibliothèque de l'université de Liège, XV.B162, fol. 268v

Composé à l'occasion des états généraux de novembre 1355, le traité *Sur la monnaie* souligne les obligations du roi à l'égard de la communauté. Nicolas Oresme s'y livre à une violente diatribe contre la politique monétaire de Jean le Bon. Il puise ses références chez Aristote, dans les œuvres d'autres auteurs antiques et, toujours, dans la Bible, utilisée comme un texte historique, réservoir d'exemples de bons et de mauvais rois. Pour lui, la politique est une science autonome, soumise à la raison naturelle, qu'on qualifierait volontiers de laïque si son but n'était pas de permettre à la communauté de vivre en paix afin d'honorer Dieu.

Ex dono [redacted]

FRANC.
HOTOMANI
IVRISCON-
SVLTI,
Francogallia.

Ex officina Iacobi Stœrij.
1573.

V. le P. Le Long. 11°. 11110.

35 François Hotman, *Francogallia*, première édition latine, Genève, impr. chez Jacob Stoer, 1573

Paris, Bibliothèque nationale de France, 8-H-12264

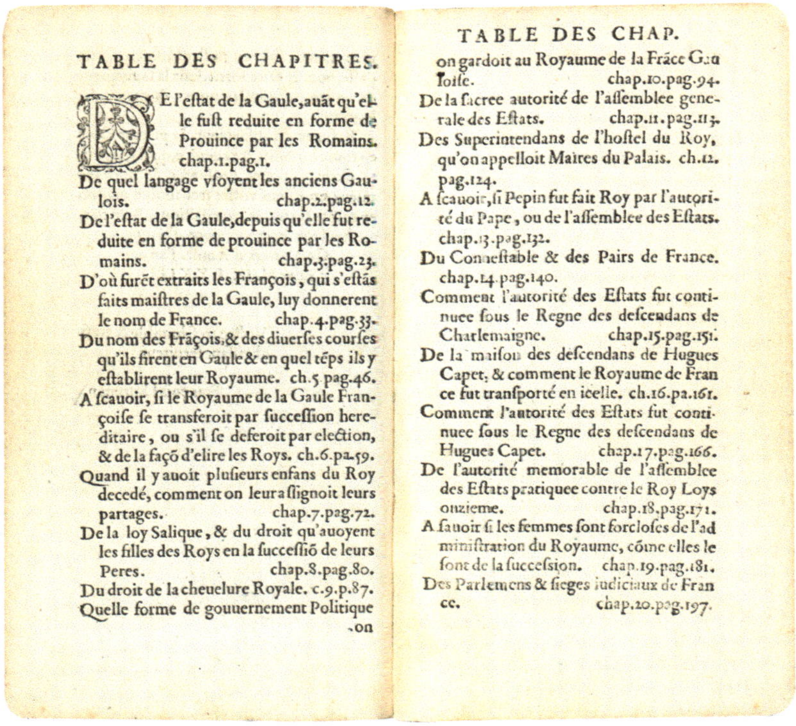

TABLE DES CHAPITRES.

TABLE DES CHAP.

36 François Hotman, *La Gaule francoise*, première édition française, Cologne, impr. chez Bertulphe, 1574

Paris, Société de l'histoire du protestantisme français, R 7832

37 Louis Chéron, *Allégorie sur la révocation de l'édit de Nantes*, vers 1700

Paris, Société de l'histoire du protestantisme français

Ce tableau est une copie d'une œuvre italienne de la fin du XVIe siècle, qui était une allégorie de la calomnie, dont on voit les victimes à droite, condamnées à l'exil sous la protection de Mercure. La copie de Louis Chéron, protestant français réfugié à Londres après la révocation de l'édit de Nantes en 1685, a ensuite été réinterprétée librement, à la lumière des événements d'alors. L'homme aux oreilles d'âne, assis sur un trône, serait Louis XIV, entouré de Madame de Maintenon et des principaux exécuteurs des persécutions contre les protestants. La caricature ne se veut alors nullement ressemblante aux personnages qui en sont la cible, représentés sous forme de monstre ou d'animal répugnant.

Les Lumières et la fin de la monarchie sacrée

Jacques de Saint Victor

Depuis le baptême de Clovis et le sacre de Pépin, et surtout depuis que les Carolingiens avaient été les sauveurs de la papauté, le roi de France se regardait comme le roi le plus chrétien de tous les princes chrétiens, le *Rex Christianissimus*. La monarchie française s'était « hissée à un niveau de sacralisation jamais atteint[1] » dans les autres royaumes d'Europe, même si la cérémonie du sacre existait dans d'autres monarchies, en Angleterre ou en Sicile, mais sans jamais avoir la même force qu'en France. Dans ce contexte, l'État capétien est regardé comme un « double de l'Église[2] » et la monarchie réprime avec rigueur ce qu'on appelle alors les « crimes contre la religion » : blasphème, magie et sorcellerie, profanation des choses saintes ou consacrées à Dieu (sacrilège). Tous ces délits sont englobés dans la notion de lèse-majesté divine. Mais si l'État se mêle du salut des âmes, dès la seconde moitié du XVIIe siècle, il ne le fait plus avec le même esprit qu'au Moyen Âge.

Le siècle de Louis XIV marque de ce point de vue un tournant paradoxal. Le Roi-Soleil a inspiré la législation la plus sévère en matière religieuse, par exemple à propos du blasphème : deux déclarations royales, du 7 septembre 1651 et du 30 juillet 1666, prévoient la peine capitale pour les auteurs de « blasphème énorme ». Louis XIV, monarque de droit divin, affirme expressément : « Nous nous estimerions indigne du titre que nous portons de roi très-chrétien si nous n'apportions tous les soins possibles pour réprimer un crime si détestable qui offense et attaque directement et au premier chef la divine Majesté[3]. » Pourtant, cette détermination royale se double d'une mansuétude pratique : désormais, le sacrilège et les délits apparentés ne sont plus réprimés que comme de simples atteintes à l'ordre public, punies par des peines mineures, même en cas de blasphème – contrairement à ce qu'on peut croire, l'affaire du chevalier de La Barre fera, nous le verrons, figure d'exception. La monarchie se débarrasse même de certains délits archaïques, comme le crime de sorcellerie, qui disparaît de la législation royale en 1682. L'homosexualité, quant à elle, ne fait plus l'objet que d'une répression essentiellement policière dès le début du XVIIIe siècle[4]. À partir de la seconde moitié du Grand Règne, la répression des crimes religieux cesse à la faveur d'un « mouvement de laïcisation » du droit et des pratiques judiciaires.

Ce climat nouveau, qui anticipe plus qu'il ne suit le développement des idées des Lumières, a-t-il eu des conséquences directes sur la désacralisation de la monarchie française ? Entre le moment où une institution est encore purement sacrée et celui où elle devient totalement laïque, il existe une « étape intermédiaire » plus ou moins longue où elle constitue, « au sein même de l'ordre laïque, comme une enclave de religiosité, voire de sacralité[5] ». Si on applique cette grille de lecture à la monarchie sacrée, on peut en conclure que cette « étape intermédiaire » fut assez brève en France. La contestation de la sacralité monarchique ne commence qu'au milieu du règne de Louis XV et s'achève définitivement le 21 janvier 1793, lorsque la tête du roi très chrétien Louis XVI tombe sous la lame de la guillotine.

La querelle janséniste et l'attentat de Damiens

Quiconque étudie ce processus en clair-obscur sait qu'à l'origine ce mouvement tient moins au triomphe des idées nouvelles qu'à de virulentes controverses religieuses qui ont profondément déstabilisé la monarchie française dans la première moitié du XVIIIe siècle, sur fond de lutte entre jésuites et jansénistes. Le 8 septembre 1713, le pape Clément XI condamne par la bulle *Unigenitus* les jansénistes, qui, par leurs positions hétérodoxes sur la grâce divine, « propagent secrètement les doctrines du mal sous couvert de la piété et qui présentent sous un jour de sainteté des sectes qui apportent la ruine ». Le royaume de France, qui compte alors une forte minorité janséniste, notamment à la Sorbonne, soutenue par des alliés dans la magistrature – où le gallicanisme parlementaire continue à nourrir une très grande prévention à l'encontre de la Cour romaine et de l'épiscopat –, est en effervescence, mais l'affaire semble s'apaiser en 1729. Elle est réveillée en 1746 par la maladresse de l'évêque d'Amiens, Mgr Louis-François-Gabriel d'Orléans de La Motte, qui exige des fidèles, pour la communion et les derniers sacrements, un « billet de confession » signé d'un prêtre favorable à la bulle *Unigenitus*. La « querelle des sacrements » prend une dimension nationale lorsque le très conservateur archevêque de Paris, Mgr Christophe de Beaumont, exige à son tour ces billets de confession. Le Parlement de Paris exprime sa désapprobation et l'affaire enflamme le royaume, au point que, en 1757, la Cour de France en appelle à Rome pour régler ce conflit.

C'est précisément au début de cette année-là, le 5 janvier, par une froide journée d'hiver, que le roi Louis XV, partant pour la chasse, est victime d'un attentat de la part d'un personnage obscur, un déclassé devenu domestique puis voleur, Robert-François Damiens, qui le poignarde au bras.

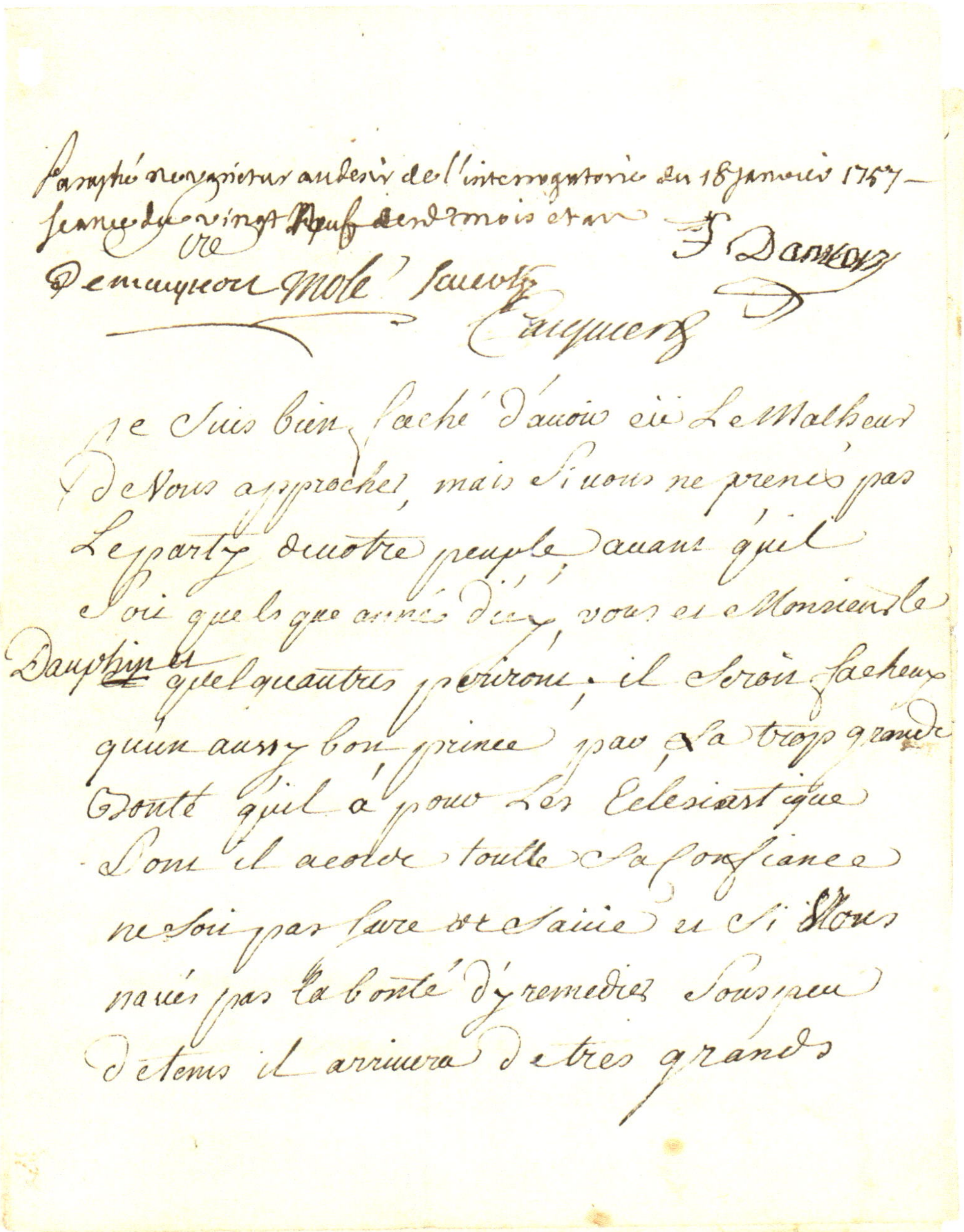
Paraphé ne varietur au desir de l'interrogatoire du 18 janvier 1757 —
séance de ce vingt neuf dud. mois et an
Demaupeou Molé Severt
Pasquier
Damiens

je Suis bien faché d'avoir eu Le Malheur
de Vous approcher, mais Si vous ne prenés pas
Le party de votre peuple avant qu'il
Soit quelques années d'icy, vous et Monsieur le
Dauphin et quelqu'autres periront, il Seroit facheux
qu'un aussy bon prince par Sa trop grande
Bonté qu'il a pour Les Eclesiastique
dont il acorde toutte Sa Confiance
ne Soit pas sure de Sa vie et Si Vous
n'avés pas la bonté d'y remedier Sous peu
de tems il arrivera de tres grands

38 Lettre de Robert-François Damiens à Louis XV, 1757

Paris, Archives nationales, Pièces à conviction et objets saisis, AE/V/7/2

Dictée en prison par Damiens à son gardien quelques jours après l'attentat, puis remise en main propre au roi, la lettre est ensuite déposée au greffe criminel du Parlement de Paris. Elle est présentée à l'accusé au cours d'un interrogatoire. La mention « paraphé *ne varietur*… », contresignée par les magistrats du Parlement, dont le président Maupeou, et par Damiens, atteste que ce dernier en a bien reconnu la signature et le texte.

39 Anonyme, *Supplice de Robert-François Damiens le 28 mars 1757*, 1757

Paris, musée du Barreau de Paris

« Les sentiments de religion dont nous [Louis XV] sommes pénétré et les mouvements de notre cœur nous portaient à la clémence, mais nos peuples, à qui notre vie n'appartient pas moins qu'à nous-même, réclament de notre justice les vengeances d'un attentat commis contre des jours que nous ne désirons conserver que pour leur bonheur. »

Son geste reste assez énigmatique car Damiens ne semble pas avoir voulu tuer le monarque. Il espérait plutôt, selon ses dires, «toucher» le Très Chrétien pour lui faire voir que, dans la querelle des refus de sacrements, le Parlement avait raison et que l'archevêque de Paris avait tort (fig. 38).

On est habitué, depuis *Surveiller et punir* de Michel Foucault (1975), à s'offusquer du terrible châtiment qu'a subi Damiens, écartelé en place de Grève après avoir été torturé (fig. 39-40). Le 2 avril 1757, la *Gazette de France*, journal quasi officiel, publie un récit éprouvant du supplice atroce enduré par le criminel: « Ses tourments ont duré trois heures. Il étoit encore en vie, ayant deux cuisses et le bras droit séparé du corps, et il n'est mort qu'après que son bras gauche a été détaché. » Mais c'était, à l'époque, le sort réservé à tout régicide qui avait fait couler le sang du roi. On pourrait même ajouter que cette exécution spectaculaire souligne combien la sacralité royale était encore puissante en ces années 1750.

Pourtant, l'historien Dale K. Van Kley fait de cette affaire le point de départ de la désacralisation de la monarchie en France[6]. En effet, dès les premières déclarations de Damiens, une immense polémique voit le jour pour savoir qui est responsable de son geste. Les jésuites accusent les jansénistes, puisque Damiens a pris le parti de ces derniers; mais les jansénistes, soutenus par les gallicans du Parlement de Paris, contre-attaquent en rappelant les doctrines tyrannicides des jésuites à l'époque des guerres de Religion. Dans cette controverse virulente, la monarchie essuie les attaques des deux camps: d'un côté, les dévots partisans des jésuites estiment que le roi n'en fait pas assez, de l'autre, les jansénistes, favorables à une monarchie contrôlée par le Parlement, condamnent l'absolutisme royal[7]. Par ailleurs, les jésuites, comme Suarez ou Bellarmin, avaient été les principaux adversaires de la thèse de la monarchie de droit divin dont Louis XIV était si friand et récusaient une «étrange théologie séculière».

Louis XV est donc attaqué de toutes parts et ces coups portent d'autant plus que lui-même s'abstient des sacrements en raison d'une vie privée jugée dissolue. Cette situation l'empêche notamment d'assumer ses fonctions thaumaturgiques, car l'usage veut que le roi communie avant de guérir des écrouelles. L'opinion perd ainsi l'habitude de ces grandes cérémonies que Louis XIV multipliait, guérissant les malades et raffermissant sa sacralité. Alors que le Roi-Soleil procédait au rite quatre ou cinq fois par an, avant les grandes fêtes liturgiques, Louis XV n'a touché les scrofuleux qu'à la suite de son sacre, le 29 octobre 1722. Ce vide accentue la

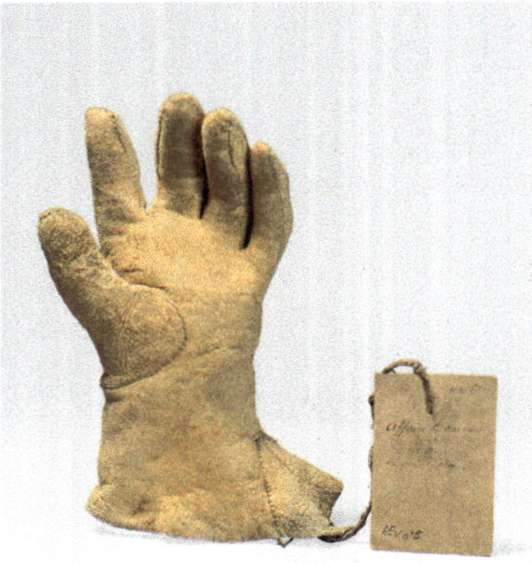

40 Gant de peau, cols ou cravates de toile et redingote ayant appartenu à Robert-François Damiens, 1757

Paris, Archives nationales, Pièces à conviction et objets saisis, AE/V/5, 6 et 2

Saisies lors des investigations sur les lieux du délit ou du crime ou bien au domicile du prévenu éventuel, les pièces à conviction étaient transmises au greffe de la juridiction compétente – en l'espèce, le Parlement de Paris –, enregistrées et annexées au dossier de procédure. Elles pouvaient ensuite être restituées à leur propriétaire légitime, remises aux domaines, détruites ou bien encore conservées jusqu'au versement des dossiers dans les services d'archives. Les pièces à conviction relatives au procès de Damiens sont ainsi restées au palais de la Cité jusqu'à leur transfert à l'hôtel de Soubise, siège des Archives nationales, en 1847.

désacralisation du pouvoir. Après l'attentat de Damiens, Louis XV mérite désormais son surnom de « Mal-Aimé » : il était déjà très affaibli, voire méprisé, à cause de son pacifisme – on l'accusait depuis la paix d'Aix-la-Chapelle (1748), victorieuse mais sans aucun gain territorial, d'avoir fait la « guerre pour le roi de Prusse » – et de certaines réformes maladroites (affaire dite « du Pacte de famine », lorsque Choiseul libéralise le commerce des grains dans le royaume).

L'expulsion des jésuites du royaume

Avec l'affaire Damiens, ce n'est plus seulement l'homme, mais aussi l'institution monarchique qui est fragilisée. Elle va l'être encore plus indirectement avec l'expulsion des jésuites hors de France en 1764. *A priori*, cette décision est étrangère à l'attentat de Damiens puisqu'elle tire son origine de la faillite retentissante, en 1761, des Missions françaises de l'Amérique du Sud : leur supérieur, Antoine Lavalette, s'y était livré à d'audacieuses spéculations commerciales, auxquelles la guerre de Sept Ans a mis un terme. Les jésuites de France sont ainsi condamnés à assumer la responsabilité de cette immense faillite. Ils commettent alors l'erreur d'en appeler au Parlement de Paris, le plus grand ennemi de la Compagnie de Jésus. Les magistrats parisiens ne se contentent pas d'examiner les faits mais élargissent leur enquête à l'ensemble de l'ordre, déjà ébranlé par son expulsion du très catholique royaume de Portugal en 1759 à la suite d'un attentat raté contre le roi Joseph Ier : son Premier ministre, partisan du despotisme éclairé, s'était alors montré implacable, voire arbitraire (au point de choquer Voltaire), dans la persécution des jésuites. Le Parlement de Paris lui emboîte le pas, d'autant plus qu'il sait que Louis XV défend la Compagnie de Jésus. L'affaire est bien une nouvelle illustration de la guerre entre « le Greffe et la Couronne », c'est-à-dire entre les juges et le roi.

Les juges vont recueillir des preuves accablantes contre l'ordre, comme le fameux *Typus religionis*, peint au tournant du XVIe et du XVIIe siècle pour le collège des jésuites de Billom, en Auvergne (fig. 41). Le lieutenant général de la sénéchaussée de Clermont-Ferrand informe le Parlement de l'existence de ce « grand tableau » (6,5 mètres de largeur par 3,2 mètres de hauteur), qui représenterait notamment les rois Henri III et Henri IV se noyant au milieu d'hérétiques et d'apostats, hors du vaisseau de la religion (c'est-à-dire des ordres religieux) conduit par Ignace de Loyola. Cette pièce spectaculaire semble ainsi justifier la doctrine du tyrannicide. Elle est propre à réveiller tout l'imaginaire des guerres de Religion, si sensible encore en France en ce siècle des Lumières. Le Parlement ordonne la saisie du tableau, qui arrive à Paris le 17 février 1763. Un rapport est fait sur les jésuites d'Auvergne le 15 juillet par le président Rolland d'Erceville.

Malgré l'opposition de Louis XV, la Compagnie de Jésus est finalement proscrite du royaume en 1764 et ses biens sont saisis. Bien que le roi ait obtenu que les jésuites puissent demeurer en France, bon nombre préféreront l'exil. Cette décision, qui marque une alliance de circonstance entre le gallicanisme parlementaire et les philosophes des Lumières, tous deux hostiles au jésuitisme, a, comme le pressent déjà bien Louis XV, des conséquences dramatiques pour la monarchie. Elle explique d'abord la sévérité dans l'affaire du chevalier de La Barre, jugé coupable de blasphème et de sacrilège en 1766, le Parlement de Paris voulant se racheter aux yeux du roi, très mécontent de l'expulsion des jésuites et très affecté par la mort du dauphin l'année précédente. Le Parlement fait donc du zèle en condamnant à mort le jeune blasphémateur alors que, pour des faits similaires, d'autres jeunes gens n'avaient écopé que d'une amende[8]. Cette exécution inhumaine, dénoncée par Voltaire (fig. 42), rejaillit sur la justice royale mais aussi sur la monarchie.

Le triomphe des philosophes

Car, depuis 1764, le rapport de force a totalement changé. Les historiens s'interrogent encore sur les conséquences pour la royauté de la perte du solide appui que pouvait représenter la Compagnie de Jésus, alors forte de 23 000 membres, 24 maisons professes, 669 collèges, 170 séminaires, 61 noviciats, 335 résidences et 273 institutions. Il est indéniable que l'expulsion des jésuites a joué un rôle politique crucial, comme le rappelle l'historien Didier Masseau : le « départ des membres de l'illustre Compagnie modifie le rapport de forces » dans la France des Lumières[9]. Ainsi que l'a bien noté d'Alembert dans une lettre à Voltaire du 2 mars 1763, « les jésuites étaient les troupes régulières et disciplinées luttant sous l'étendard de la Superstition [...]. Les jansénistes ne sont que des cosaques dont la Raison va vite se débarrasser maintenant qu'ils doivent se battre seuls ».

C'est en effet ce qui va arriver. À partir de ce tournant de 1764, le pouvoir intellectuel bascule au profit des « philosophes » des secondes Lumières,

Marmontel, Suard, Morellet, Condorcet. Mais cette mutation n'est pas toujours notée par les observateurs car, habilement, le parti philosophique continue à faire croire que ses membres sont en marge des institutions, comme à l'époque du jeune Voltaire, alors qu'ils en sont devenus les maîtres, ainsi que le prouve l'évolution de l'Académie française. Les défenseurs de la monarchie traditionnelle commencent petit à petit à perdre pied quai Conti, jusqu'à devenir minoritaires en 1772, lorsque d'Alembert succède à Duclos au poste de secrétaire perpétuel de l'Académie. Didier Masseau affirme que « les Philosophes ont remporté une victoire définitive » auprès de l'opinion. Désormais, jusqu'à la Révolution, la monarchie va scier la branche sur laquelle elle est assise en laissant à ces « champions de l'arrivisme » les places principales dans les lieux du pouvoir intellectuel (fig. 43). Ils dominent les institutions culturelles bien avant 1789, cumulant les sinécures (pensions, directions de journaux à monopole, gratifications, etc.), marginalisant le clan des dévots et, bientôt, tous les défenseurs de la monarchie traditionnelle, imposant même au pouvoir des campagnes contre ces derniers (Le Franc de Pompignan, Sabatier de Castres, Linguet, Fréron, Moreau ou Palissot). Mais l'opinion l'ignore, car les « philosophes de l'establishment », comme les appelle l'historien Robert Darnton, choyés par un pouvoir inconséquent, ont l'habileté de se faire toujours passer auprès du public pour des persécutés. Et quand bien même resterait-il encore quelque censure, notamment en matière religieuse, Tocqueville a aisément montré que cette « demi-contrainte qu'on imposait encore alors aux ennemis de l'Église, au lieu de diminuer leur pouvoir, l'augmentait[10] » en solidarisant l'opinion en leur faveur.

Dans cette « désacralisation » de la monarchie, le poids de la philosophie des Lumières, en particulier celui des partisans du « laisser-faire », les physiocrates – qu'on appelle aussi les « économistes » et dont Tocqueville a souligné le « mépris sans borne » qu'ils vouent au passé –, se fait jour en particulier au moment du sacre de Louis XVI, en 1775. Pour la première fois, on s'interroge sur le caractère dispendieux de la cérémonie. Certains ministres du roi, à l'instar de Turgot, estiment qu'il faut « moderniser » le cérémonial du sacre, en le simplifiant et en le « laïcisant ». Turgot propose aussi au jeune roi de se faire sacrer à Paris et non plus à Reims, ce qui aurait l'avantage de coûter moins cher. Cette démarche résume bien l'esprit des nouveaux technocrates royaux, inspirés désormais par les « économistes » et les « philosophes », très étrangers aux élans du sacré monarchique.

41 Anonyme, *Typus religionis*, tournant du XVIe et du XVIIe siècle

Paris, Archives nationales, Pièces à conviction et objets saisis, AE/V/10

Le navire piloté par des jésuites, évoquant aussi bien l'arche de Noé que la barque de saint Pierre, remorque deux chaloupes chargées de personnages figurant les plus hautes autorités laïques et religieuses, dont le pape et le roi de France. Parmi les personnages en train de se noyer, promis à la damnation éternelle, les magistrats chargés de la saisie du tableau ont reconnu Henri III ❶ et Henri IV ❷, au milieu d'apostats et d'hérétiques.

RELIGIONIS
DONUM INTELLECTUS
FORTITUDO
SUPERBIA VITÆ
CONCUPISCENTIA CARNIS
SUPERBI
INVIDI
IRACUNDI
Initium omnis peccati est Superbia qui tenuerit illam Adimplebitur maledictis et subvertet Eum in finem eccl. 10
Ducunt in bonis dies suos Et in puncto ad inferna Descendunt. Iob. 21
CONCUPISCENTIA OCULORUM
QUI VOLUNT DIVITES FIERI INCIDUNT IN TENTATIONEM ET LAQUEUM DIABOLI
GULOSI
LUXURIOSI
ACEDIOSI
AVARI
MARE HUIUS SECULI
DISCRETIO SUPERIORUM
VERBO VERITATIS
NAVIS INGREDIENTIUM RELIGIONE
Fili accedens ad servitutem Dei sta in iustitia et in timore et præpara animam tuam ad tentationem. Eccli. 2
Sagittæ parvulorum factæ sunt plagæ eorum et infirmatæ sunt contra eos linguæ. psal 63.
HÆRETICI
INSULTANTES
2

Louis XVI hésite, car il a conscience de la désuétude de certains rites, mais il refuse de céder, persuadé qu'une part d'archaïsme est nécessaire pour maintenir l'édifice royal, comme les arcs-boutants antiques d'une cathédrale. Il est soutenu par l'Église, le parti dévot et son conseiller, le vieux comte de Maurepas. Certes, en droit, le sacre ne fait plus le roi depuis le XIVe siècle, selon la théorie dite statutaire élaborée par Jean de Terrevermeille affirmant que le roi est roi dès la mort de son prédécesseur sans qu'il soit besoin de recourir au sacre – « Le roi est mort, vive le roi ! » –, avec pour ambition de libérer le monarque de la puissance de l'Église. Cependant, le peuple est encore très attaché à la cérémonie.

Toutefois, on perçoit bien, lors du sacre de Louis XVI, que l'opinion est désormais partagée, et l'évolution des esprits est perceptible en particulier au sujet du toucher des écrouelles, manifestation de ces pouvoirs merveilleux, thaumaturgiques, des rois de France. Beaucoup de doutes se font jour dans l'opinion éclairée. Le peuple lui-même commence à s'interroger. Marc Bloch note que, lors du sacre, plus de 2 400 scrofuleux se présentent à la cérémonie du toucher, mais il ajoute que le « miracle ne se déroul[e] plus dans la même atmosphère de foi paisible qu'autrefois ». Alors que, pour le sacre de Louis XV en 1722, il y avait eu une immense ferveur et un accueil délirant du jeune roi dans la capitale, les feuilles ou les mémoires de 1775 n'évoquent pas la même fièvre. La cérémonie des écrouelles semble même passée sous silence, comme délégitimée par l'esprit du siècle[11]. Cependant, cette désacralisation de la monarchie aurait pu ne pas conduire à une remise en cause radicale du pouvoir royal. Ainsi, en Angleterre, les rois, qui prétendaient eux aussi avoir des pouvoirs thaumaturgiques et guérir des écrouelles, y ont renoncé dès 1714 avec l'avènement de la maison de Hanovre, et plus aucun souverain britannique ne tentera de reprendre le miracle des écrouelles, sans que cela ne remette en cause le pouvoir royal pour autant.

En revanche, en France, l'essor de la nation renverse petit à petit la souveraineté du roi et conduit en 1789 à une révolution qui n'est pas à l'origine antimonarchique mais anti-aristocratique, et qui rejette d'abord la société d'ordres. Cependant, la substitution, en juin puis en juillet 1789, de la souveraineté nationale à la souveraineté royale mène à une évolution qui, de 1789 à 1792, débouche sur la suppression de la monarchie[12]. Certes, dans la Constitution de 1791, le roi reste en théorie « inviolable *et* sacré », mais il n'est en réalité, dans le texte même de la Constitution, ni inviolable (il peut être

42 Pierre-Michel Alix, *Portrait de Voltaire*, 1791, aquatinte appartenant à la série « Collection des Grands Hommes » gravée par Alix et publiée par Drouhin

Paris, musée Carnavalet – Histoire de Paris, G.21820

43 Anicet-Charles-Gabriel Lemonnier, *Lecture de la tragédie de « L'Orphelin de la Chine » de Voltaire, dans le salon de Madame Geoffrin*, 1812

Rueil-Malmaison, châteaux de Malmaison et Bois-Préau, M.M.59.3.1

Au milieu du XVIIIe siècle, la monarchie est contestée de toutes parts, notamment par un nouvel acteur informel, insaisissable mais tyrannique, que les contemporains appellent « l'opinion publique » ou « l'esprit public ». Les gens de lettres contribuent à les façonner dans les salons mondains ou les cafés à la mode. Il n'en existe aucune représentation contemporaine. Ce tableau, commandé par Joséphine de Beauharnais, exprime le souvenir d'une époque déjà révolue, où triomphaient les Lumières et l'hégémonie culturelle française.

44 James Gillray, *French Democrats Surprizing the Royal Runaways*, 1797
Paris, Bibliothèque nationale de France, De Vinck 3965

James Gillray (1756-1815) est sans doute le caricaturiste le plus talentueux et le plus influent de son époque, si riche en bouleversements politiques. En plus de la société et de la politique anglaises, la Révolution et les guerres napoléoniennes sont pour lui une source d'inspiration majeure, comme en témoigne cette estampe, qui ridiculise tant la famille royale que les révolutionnaires.

45 Jean-Louis Prieur, *Retour de Varennes. Arrivée de Louis Capet à Paris, 25 juin 1791*, vers 1791
Paris, musée Carnavalet – Histoire de Paris, G. 28392

L'arrestation de la famille royale à Varennes, alors que Louis XVI tentait de rejoindre Montmédy après avoir fui les Tuileries déguisé en valet, contribue à ruiner la popularité du roi, ramené à Paris comme un prisonnier, escorté par la Garde nationale. La presse se déchaîne contre Louis XVI et Marie-Antoinette, dont la duplicité et l'opposition radicale au régime constitutionnel sont apparues au grand jour.

destitué pour trois motifs) ni sacré (fig. 46). Louis XVI n'est plus que le roi des Français et non plus le roi de France et il ne l'est que par la volonté de la Constitution, c'est-à-dire de la nation. La monarchie sacrée est définitivement morte et Claude Nicolet a raison d'écrire que 1789 « a créé la République sans le savoir », même si celle-ci ne sera officiellement déclarée qu'en septembre 1792. La fuite de la famille royale à Varennes en juin 1791 marque une ultime étape dans la désacralisation de la figure royale (fig. 44-45), dont l'aboutissement sanglant est la mise à mort du roi, le 21 janvier 1793. La tête du Très Chrétien roulant dans le panier du bourreau Sanson marque la rupture de la France avec un millénaire de sacré monarchique.

1
Jacques Krynen, *L'Empire du roi. Idées et croyances politiques en France, XIIIe-XVe siècle*, Paris, Gallimard, 1993, p. 56-57.

2
Marie-France Renoux-Zagamé, *Du droit de Dieu au droit de l'homme*, Paris, PUF, 2003, p. 120-121, 246-247; voir aussi Jean-Louis Harouel, *Le Vrai Génie du christianisme. Laïcité, liberté, développement*, Paris, J.-C. Godefroy, 2012, p. 135-150.

3
« Déclaration du roy, contre les jureurs et blasphémateurs du saint nom de Dieu, de la Vierge et des saints », 30 juillet 1666, citée par Françoise Hildesheimer, « La répression du blasphème au XVIIIe siècle », *Mentalités*, no 2, « Injures et blasphèmes », présenté par Jean Delumeau, Paris, Imago, 1989, p. 67.

4
Maurice Lever, *Les Bûchers de Sodome. Histoire des infâmes*, Paris, Fayard, 1985, p. 240, 294-295.

5
Jean-Marie Carbasse, « Sécularisation et droit pénal », *Droits*, no 60, 2014, p. 13-14. L'auteur distingue de façon originale la « laïcisation » de la « sécularisation ».

6
Dale K. Van Kley, *The Damiens Affair and the Unraveling of the Ancien Régime, 1750-1770*, Princeton, Princeton University Press, 1984.

7
Pour plus de nuances, voir Catherine Maire, *De la cause de Dieu à la cause de la Nation. Le jansénisme au XVIIIe siècle*, Paris, Gallimard, 1998.

8
Sur ce point, voir Jacques de Saint Victor, *Blasphème. Brève histoire d'un «crime imaginaire»*, Paris, Gallimard, 2016.

9
Didier Masseau, *Les Ennemis des philosophes. L'antiphilosophie au temps des Lumières*, Paris, Albin Michel, 2000, p. 157.

10
Alexis de Tocqueville, *L'Ancien Régime et la Révolution* [1856], dans *Œuvres*, t. III, Paris, Gallimard, « Bibliothèque de la Pléiade », 2004, p. 181.

11
Du reste, la formule accompagnant le geste du roi se transforme. Jusqu'à Louis XIV, on criait lors du sacre : « Le roi te touche, Dieu te guérit ! » Désormais, on change l'ordre de la phrase : « Dieu te guérisse, le roi te touche », ce qui dénote une relative perte de confiance dans le toucher royal. Marc Bloch, *Les Rois thaumaturges. Études sur le caractère surnaturel attribué à la puissance royale particulièrement en France et en Angleterre* [1924], Paris, Gallimard, « Bibliothèque des Histoires », 1983, p. 399.

12
Sur cette période, voir le catalogue d'exposition *Louis XVI, Marie-Antoinette et la Révolution. La famille royale aux Tuileries (1789-1792)*, Paris, Archives nationales/Gallimard, 2023.

46 Artiste anonyme, probablement français, *Allégorie de la Constitution de 1791. Le Retour d'Astrée*, 1791

Château de Fontainebleau, musée Napoléon Ier, don de la société Redex en mémoire de Serge Grandjean, directeur de la société Redex; de M. et Mme Jean-Pierre Cojan, ingénieurs; et de Juliette Glikman, historienne des idées politiques, F 2023.2

Cette œuvre richement encodée mobilise des concepts abstraits pour exprimer l'actualité en une subtile métaphore de la tentative de monarchie constitutionnelle de 1791. Cette grisaille a pour source iconographique la *Quatrième Bucolique* de Virgile (« Déjà la vierge Astrée revient sur la Terre, et avec elle le règne de Saturne »), qui annonce le retour de l'âge d'or. Astrée tient la balance de la Justice et le rameau d'olivier de la Paix. Cette « régénération » – terme omniprésent dans la phraséologie révolutionnaire – croit trouver une forme stable dans la Constitution du 3 septembre 1791. En haut à droite, un angelot tient un faisceau de licteur lié par une bandelette légendée « Constitution » et sommé d'une couronne royale: c'est une bien discrète voire elliptique façon de mentionner Louis XVI, désormais « roi des Français » et non plus « de France ». Trois éléments viennent renforcer le message: un angelot tient le serpent Ouroboros annonçant une nouvelle ère, un coq indique le pays par lequel cela arrive – la France – et le lion symbolise la force du peuple devenu souverain. L'espérance de « régénération » va cependant se fracasser, dans les faits, sur les dissensions, dont les noires figures occupent le registre inférieur de la composition.

Christophe Beyeler

Le mal est venu
de cette idée qu'il faut
venger la divinité.
Mais il faut faire
honorer la divinité,
et ne la venger jamais.

Montesquieu,
De l'esprit des lois, 1748

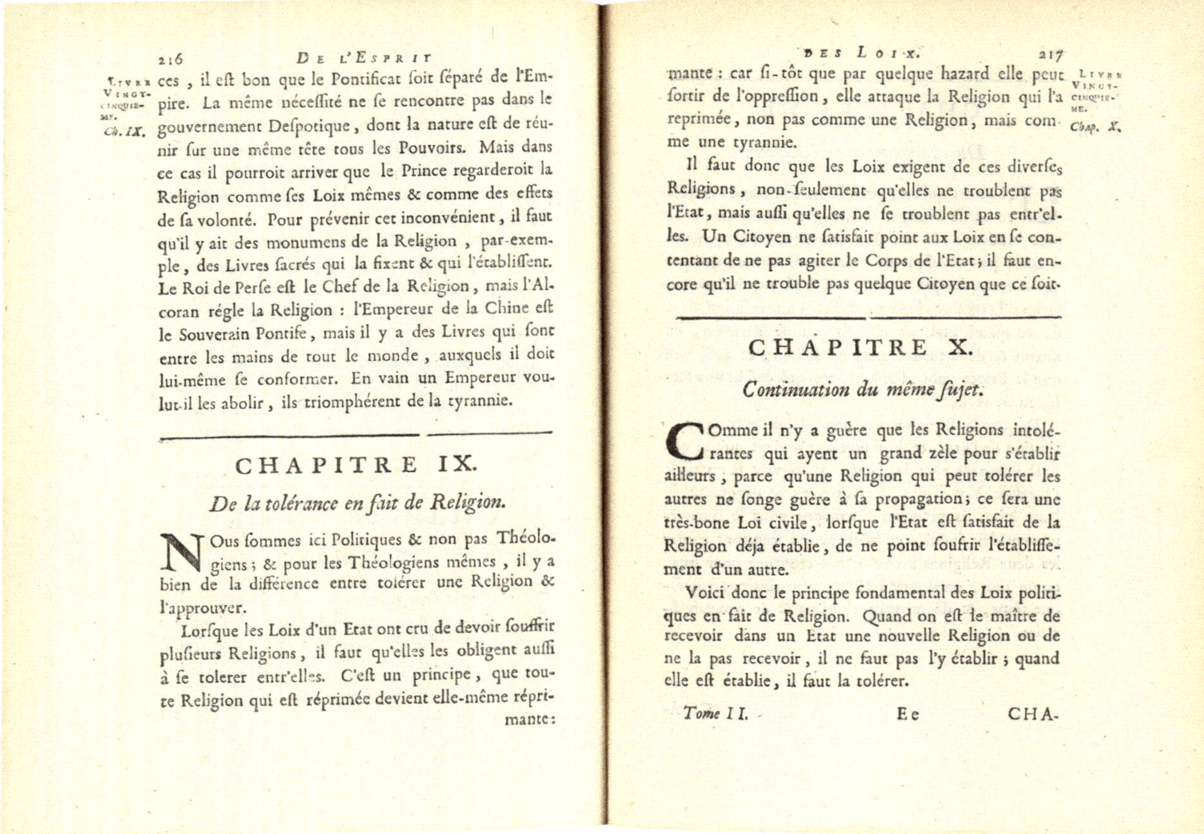
216 De l'Esprit

Livre Vingt-cinquième. Ch. IX.

ces, il eſt bon que le Pontificat ſoit ſéparé de l'Empire. La même néceſſité ne ſe rencontre pas dans le gouvernement Deſpotique, dont la nature eſt de réunir ſur une même tête tous les Pouvoirs. Mais dans ce cas il pourroit arriver que le Prince regarderoit la Religion comme ſes Loix mêmes & comme des effets de ſa volonté. Pour prévenir cet inconvénient, il faut qu'il y ait des monumens de la Religion, par-exemple, des Livres ſacrés qui la fixent & qui l'établiſſent. Le Roi de Perſe eſt le Chef de la Religion, mais l'Alcoran régle la Religion : l'Empereur de la Chine eſt le Souverain Pontife, mais il y a des Livres qui ſont entre les mains de tout le monde, auxquels il doit lui-même ſe conformer. En vain un Empereur voulut-il les abolir, ils triomphérent de la tyrannie.

CHAPITRE IX.

De la tolérance en fait de Religion.

Nous ſommes ici Politiques & non pas Théologiens ; & pour les Théologiens mêmes, il y a bien de la différence entre tolérer une Religion & l'approuver.

Lorſque les Loix d'un Etat ont cru de devoir ſouffrir pluſieurs Religions, il faut qu'elles les obligent auſſi à ſe tolerer entr'elles. C'eſt un principe, que toute Religion qui eſt réprimée devient elle-même répri-

mante:

des Loix. 217

Livre Vingt-cinquième. Chap. X.

mante : car ſi-tôt que par quelque hazard elle peut ſortir de l'oppreſſion, elle attaque la Religion qui l'a reprimée, non pas comme une Religion, mais comme une tyrannie.

Il faut donc que les Loix exigent de ces diverſes Religions, non-ſeulement qu'elles ne troublent pas l'Etat, mais auſſi qu'elles ne ſe troublent pas entr'elles. Un Citoyen ne ſatisfait point aux Loix en ſe contentant de ne pas agiter le Corps de l'Etat ; il faut encore qu'il ne trouble pas quelque Citoyen que ce ſoit.

CHAPITRE X.

Continuation du même ſujet.

Comme il n'y a guère que les Religions intolérantes qui ayent un grand zèle pour s'établir ailleurs, parce qu'une Religion qui peut tolérer les autres ne ſonge guère à ſa propagation ; ce ſera une très-bone Loi civile, lorſque l'Etat eſt ſatisfait de la Religion déja établie, de ne point ſoufrir l'établiſſement d'un autre.

Voici donc le principe fondamental des Loix politiques en fait de Religion. Quand on eſt le maître de recevoir dans un Etat une nouvelle Religion ou de ne la pas recevoir, il ne faut pas l'y établir ; quand elle eſt établie, il faut la tolérer.

Tome II. Ee CHA-

47 Charles de Montesquieu, *De l'esprit des loix, ou Du rapport que les loix doivent avoir avec la constitution de chaque gouvernement, les mœurs, le climat, la religion, le commerce, etc.*, 1748

Paris, Archives nationales, Bibliothèque historique, 4° O I 14

Œuvre complexe, qui connaît un très grand succès dès sa publication, *De l'esprit des lois* aborde une multitude de sujets en lien avec l'organisation politique des sociétés humaines. Adoptant une démarche empirique, observant et comparant les traditions historiques des différents peuples, Montesquieu ne promeut pas un régime politique en particulier, qui serait valable en tout temps et en tout lieu, mais s'efforce de trouver les moyens d'éviter ce qu'il redoute par-dessus tout : le despotisme.

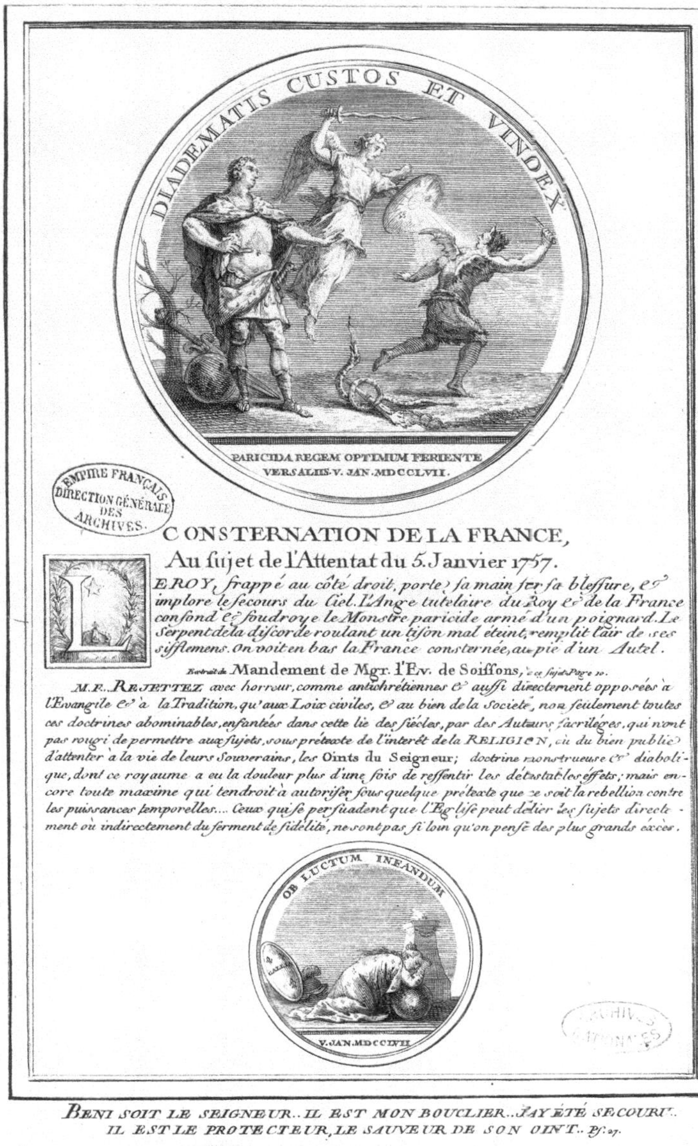

48 Anonyme, *Consternation de la France au sujet de l'attentat du 5 janvier 1757*, vers 1757

Paris, Archives nationales, Bibliothèque historique, H II 23

Cette planche gravée, inspirée du recueil des *Médailles sur les principaux événements du règne de Louis le Grand*, présente un dessin en forme de médaille commémorative, assorti d'un commentaire suivi d'un extrait d'un mandement de l'évêque de Soissons, François de Fitz-James, petit-fils du roi Stuart Jacques II, exilé en France. Il y défend des positions gallicanes et royalistes: « Ceux qui se persuadent que l'Église peut délier les sujets directement ou indirectement du serment de fidélité ne sont pas si loin qu'on pense des plus grands excès. »

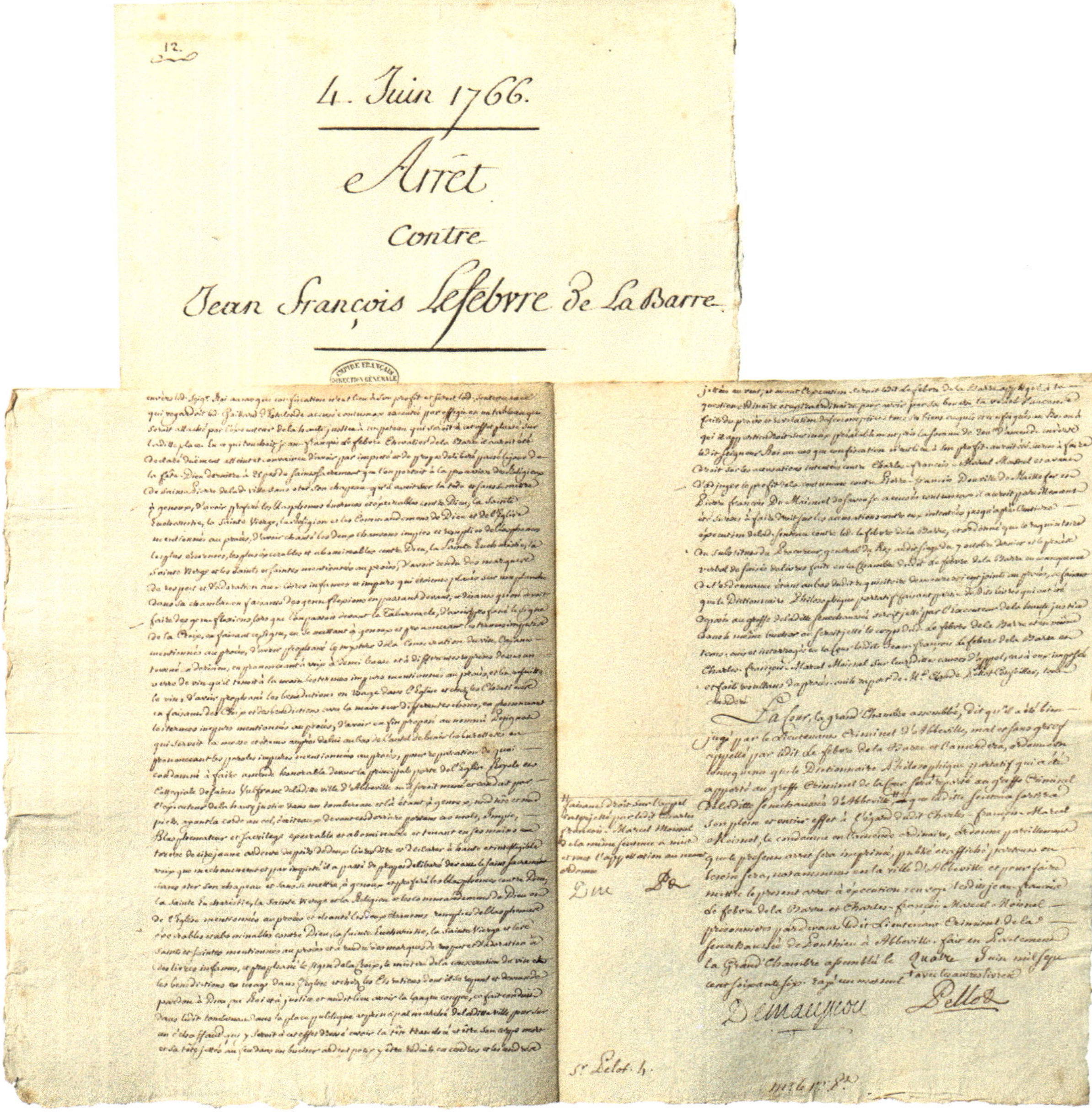

49 Minute de l'arrêt rendu par le Parlement de Paris confirmant la condamnation à mort du chevalier de La Barre prononcée par le tribunal d'Abbeville, 4 juin 1766

Paris, Archives nationales, X/2b/1035/C

En août 1765, le tribunal de la sénéchaussée d'Abbeville ouvre une enquête après la découverte d'un crucifix entaillé au couteau sur le pont de la ville et d'un autre maculé d'excréments au cimetière Sainte-Catherine. L'attention des juges se porte sur un groupe de jeunes gens de bonne famille, que divers témoins ont vu commettre des impiétés et des blasphèmes, notamment traverser une procession du Saint-Sacrement, le jour de la Fête-Dieu, sans s'agenouiller ni se découvrir. Parmi eux, deux sont condamnés à mort. Après un procès en appel au Parlement de Paris, la sentence est confirmée pour François Lefebvre, chevalier de La Barre, alors âgé de vingt ans.

50 « Résumé du procès-verbal d'Abbeville, avec les réponses », [26 septembre 1765-26 février 1766]

Paris, Bibliothèque nationale de France, Correspondance de Voltaire, NAF 27364, fol. 24

Directement mis en cause par l'avocat général Pasquier en tant qu'auteur du *Dictionnaire philosophique* qu'on a saisi chez le chevalier de La Barre, Voltaire mobilise ses amis à partir de juin 1766 et prend l'opinion à témoin. Il porte ainsi dans l'espace public une affaire judiciaire à laquelle il donne une portée politique considérable, renversant les rôles habituellement dévolus aux acteurs de la scène judiciaire : les magistrats sont mis en accusation, tandis que le prévenu devient une victime de leur partialité.

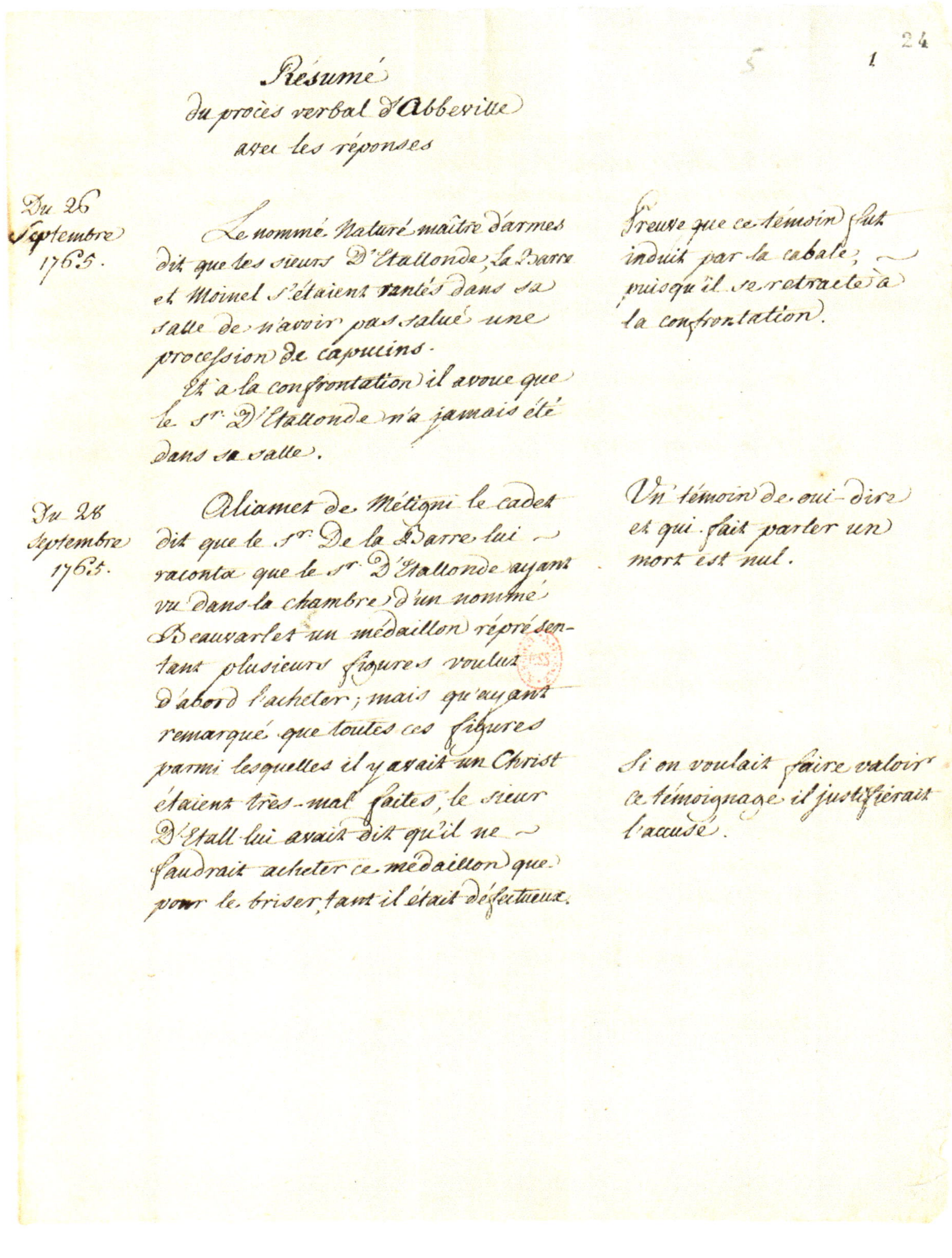
5 1 24

Résumé
du procès verbal d'Abbeville
avec les réponses

Du 26 Septembre 1765.	Le nommé Naturé maître d'armes dit que les sieurs D'Etallonde, La Barre et Moinel s'étaient vantés dans sa salle de n'avoir pas salué une procession de capucins. Et à la confrontation il avoue que le sr D'Etallonde n'a jamais été dans sa salle.	Preuve que ce témoin fut induit par la cabale ; puisqu'il se retracte à la confrontation.
Du 28 Septembre 1765.	Aliamet de Métigni le cadet dit que le sr De la Barre lui raconta que le sr D'Etallonde ayant vu dans la chambre d'un nommé Beauvarlet un médaillon représentant plusieurs figures voulut d'abord l'acheter ; mais qu'ayant remarqué que toutes ces figures parmi lesquelles il y avait un Christ étaient très-mal faites, le sieur D'Etall lui avait dit qu'il ne faudrait acheter ce médaillon que pour le briser, tant il était défectueux.	Un témoin de oui-dire et qui fait parler un mort est nul. Si on voulait faire valoir ce témoignage il justifierait l'accusé.

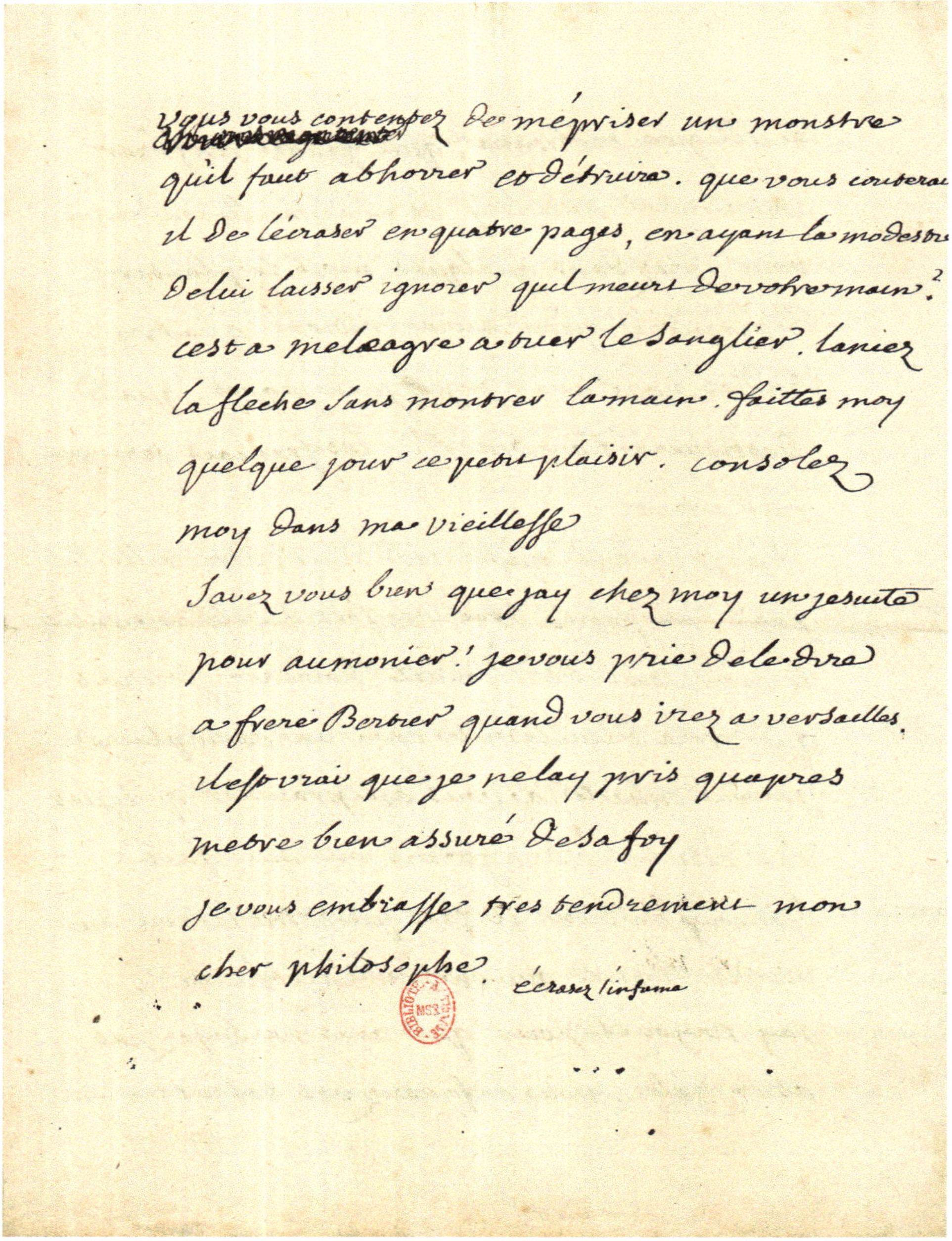
vous vous contentez de mépriser un monstre
qu'il faut abhorrer et détruire. que vous couterait
il de l'écraser en quatre pages, en ayant la modestie
de lui laisser ignorer qu'il meurt de votre main?
c'est a meleagre a tuer le sanglier. lancez
la fleche sans montrer la main. faittes moy
quelque jour ce petit plaisir. consolez
moy dans ma vieillesse
savez vous bien que j'ay chez moy un jesuite
pour aumonier! je vous prie de le dire
a frere Berbier quand vous irez a versailles.
il est vrai que je ne l'ay pris qu'apres
metre bien assuré de sa foy
je vous embrasse tres tendrement mon
cher philosophe. écrasez l'infame

51 Lettre de Voltaire à d'Alembert, 28 septembre 1763

Paris, Bibliothèque nationale de France, Correspondance de Voltaire, NAF 24330, fol. 72v

À partir de 1759, Voltaire termine ses lettres adressées à ses amis philosophes par l'exhortation « Écrasez l'infâme », cette formule désignant le fanatisme religieux et les superstitions.

52 «Mémoire de ce qui est dut à Charles Sanson pour avoir my à execution la sentence de la Sénéchaussée de Ponthieu», 1766

Paris, Bibliothèque nationale de France, Joly de Fleury 418, fol. 169

Le bourreau Charles-Henri Sanson, actif pendant plus de quarante ans, avait assisté son oncle lors de l'exécution de Damiens. Il fut aussi dépêché à Abbeville pour le supplice du chevalier de La Barre. Moins de trente ans plus tard, il guillotinait Louis XVI.

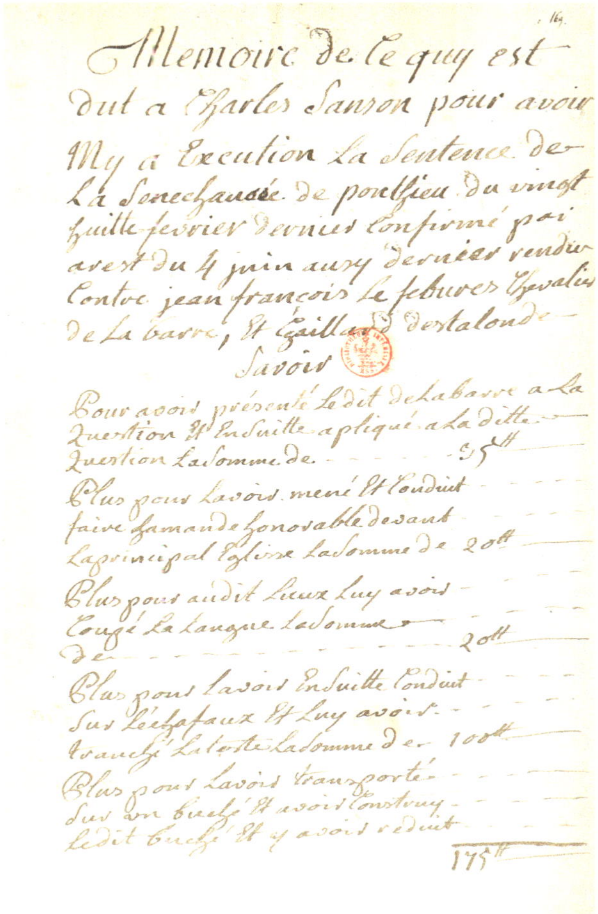

169.

Memoire de ce quy est dut a Charles Sanson pour avoir My a Exeution La Sentence de La Senechaussée de ponthieu du vingt huitte fevrier dernier confirmé par arest du 4 juin aussy dernier rendu Contre jean francois Le febvres chevalier de La barre, et Gaillard dEtalonde Savoir

Pour avoir présenté Ledit de La barre a La Question et Ensuitte apliqué a La ditte Question La somme de — 25 ll

Plus pour Lavoir mené et Conduit faire Lamande honorable devant La principal Eglise La somme de 20 ll

Plus pour audit Lieux Luy avoir Coupé La Langue La somme de — 20 ll

Plus pour Lavoir Ensuitte Conduit sur Lechafaux et Luy avoir tranché La teste La somme de 100 ll

Plus pour Lavoir transporté sur un bucher et avoir Construit Ledit bucher et y avoir reduit

175 ll

53 Monument érigé en hommage au chevalier de La Barre, colline de Montmartre, square Nadar, Paris, 2001

Inauguré en 1906 en face du Sacré-Cœur alors en construction, un premier monument de bronze commémorant l'exécution du chevalier de La Barre est démonté et fondu sous le régime de Vichy. En 1997, le conseil municipal du XVIIIe arrondissement vote en faveur de l'érection d'une nouvelle statue, dévoilée en 2001.

Le pouvoir et le sacré après la Révolution

Jacques de Saint Victor

Après la décapitation de Louis XVI le 21 janvier 1793, le pouvoir en France semble désacralisé et associé à un « siège vide », selon la formule d'Emmanuel Macron en 2015. En 1958, le général de Gaulle a tenté de résoudre cette question, mais elle se pose à nouveau dès son retrait du pouvoir en 1969, puis de façon graduelle depuis les années 2000. Pourtant, ce serait une illusion de croire que la Révolution aurait cherché à rompre entièrement avec le sacré. Faut-il parler d'un « transfert de sacralité[1] » pour souligner que celle-ci aurait été prise en charge à partir de 1790 par une série de manifestations nouvelles, en particulier les grandes fêtes révolutionnaires qu'inaugure la Fête de la Fédération, mais aussi les cérémonies diverses (arbre de la Liberté, baptême civique, autel de la Patrie, voire prières patriotiques, etc.), sans parler bien évidemment de la « religiosité de la loi » ? Réduire la question du sacré à un « besoin identitaire collectif » est probablement une vision biaisée et, en réalité, depuis 1789 et surtout depuis 1793, les approches sont si nombreuses et d'une telle complexité qu'elles ne permettent pas de « privilégier une analyse plutôt qu'une autre[2] ». Toutefois, on peut émettre l'hypothèse que la Révolution a été à la recherche d'une autre sacralité, sans nécessairement y parvenir.

La quête de « religions de substitution »

On connaît les pages célèbres de *L'Ancien Régime et la Révolution* (1856) où Tocqueville compare la Révolution française aux révolutions religieuses : « Comme elle avait l'air de tendre à la régénération du genre humain plus encore qu'à la réforme de la France, elle a allumé une passion que, jusque-là, les révolutions politiques les plus violentes n'avaient jamais pu produire. Elle a inspiré le prosélytisme [...] et [...] a pu prendre cet air de révolution religieuse qui a tant épouvanté les contemporains » (livre I, chap. 3). Et Tocqueville d'ajouter que « l'objet fondamental et final de la Révolution n'était pas, comme on l'a cru, de détruire le pouvoir religieux » (livre I, chap. 2). On peut en retenir que la Révolution est moins antireligieuse, comme on le croit souvent, qu'anticatholique : elle tente surtout, comme le note Tocqueville, de « déchristianiser » la France, par étapes successives à partir de juillet 1790 et jusqu'à la première séparation de l'Église et de l'État, votée en 1795. Mais une bonne partie de ses dirigeants, à l'image de Robespierre, croient à la nécessité d'une « religion de substitution » (Mona Ozouf), qu'ils pensent d'abord trouver dans une « religion civile » d'inspiration rousseauiste.

Cela ne veut pas dire qu'il n'y ait pas dans le mouvement révolutionnaire des minorités profondément athées et anticléricales, héritières des philosophes des « Lumières radicales » (selon l'expression controversée de l'historien Jonathan Israel), qui n'hésitent pas à se livrer à des actes de vandalisme contre la religion. La Convention (1792-1795) laisse ainsi saccager les tombeaux royaux de la basilique Saint-Denis, mais elle en condamne officiellement le principe. De même, enragés et hébertistes réussissent à organiser une fête de la Raison, le 10 novembre 1793, dans l'ancienne cathédrale Notre-Dame, privée de ses sculptures considérées comme « figures et signes de la féodalité », mais Robespierre les dénonce dans son célèbre discours du 7 mai 1794 « sur les idées religieuses et morales ». L'Incorruptible se livre là à une véritable charge contre l'athéisme, jugé immoral et « aristocratique » (« un système de conspiration contre la République ») – ainsi, à partir de l'échec prévisible de l'Église constitutionnelle de l'abbé Grégoire, la Révolution semble à la recherche désespérée d'un culte qui puisse se substituer au catholicisme romain traditionnel. Mais elle ne le trouvera pas.

Elle tente d'abord de sacraliser la nouvelle source du pouvoir, la nation. Elle crée ainsi, dès le 23 juillet 1789, une infraction bizarre, le crime de lèse-nation, sur le modèle du crime de lèse-majesté divine et royale, consacrant le transfert de souveraineté des mois de juin-juillet 1789. Mais cette invention juridique hasardeuse ne donne lieu qu'à une seule condamnation à mort, celle du marquis de Favras, pendu le 19 février 1790, place de Grève à Paris, pour avoir comploté contre la Révolution. Ayant bien conscience de la difficulté d'imposer le nouveau culte de la loi (nomophilie) et de la Constitution, la Révolution n'hésite pas à reprendre le vocabulaire religieux pour sacraliser ce nouveau « légicentrisme ». On voit ainsi un administrateur local poursuivi parce qu'il s'est « permis de *blasphémer* contre l'acte constitutionnel, l'*évangile* de tout bon Français[3] » (fig. 54).

Mais la Révolution prend vite conscience que la sacralisation de l'architecture juridique de l'État ne suffit pas. Elle tente alors d'instituer le culte de l'Être suprême. Celui-ci rencontre au début un certain succès, notamment lors de sa première fête, le 8 juin 1794 (fig. 55), mais il ne survit pas à la chute de l'Incorruptible quelques semaines plus tard.

De la même façon, sous le Directoire (1795-1799), on invente plusieurs cultes, dont la théophilanthropie, instituée par La Révellière-Lépeaux,

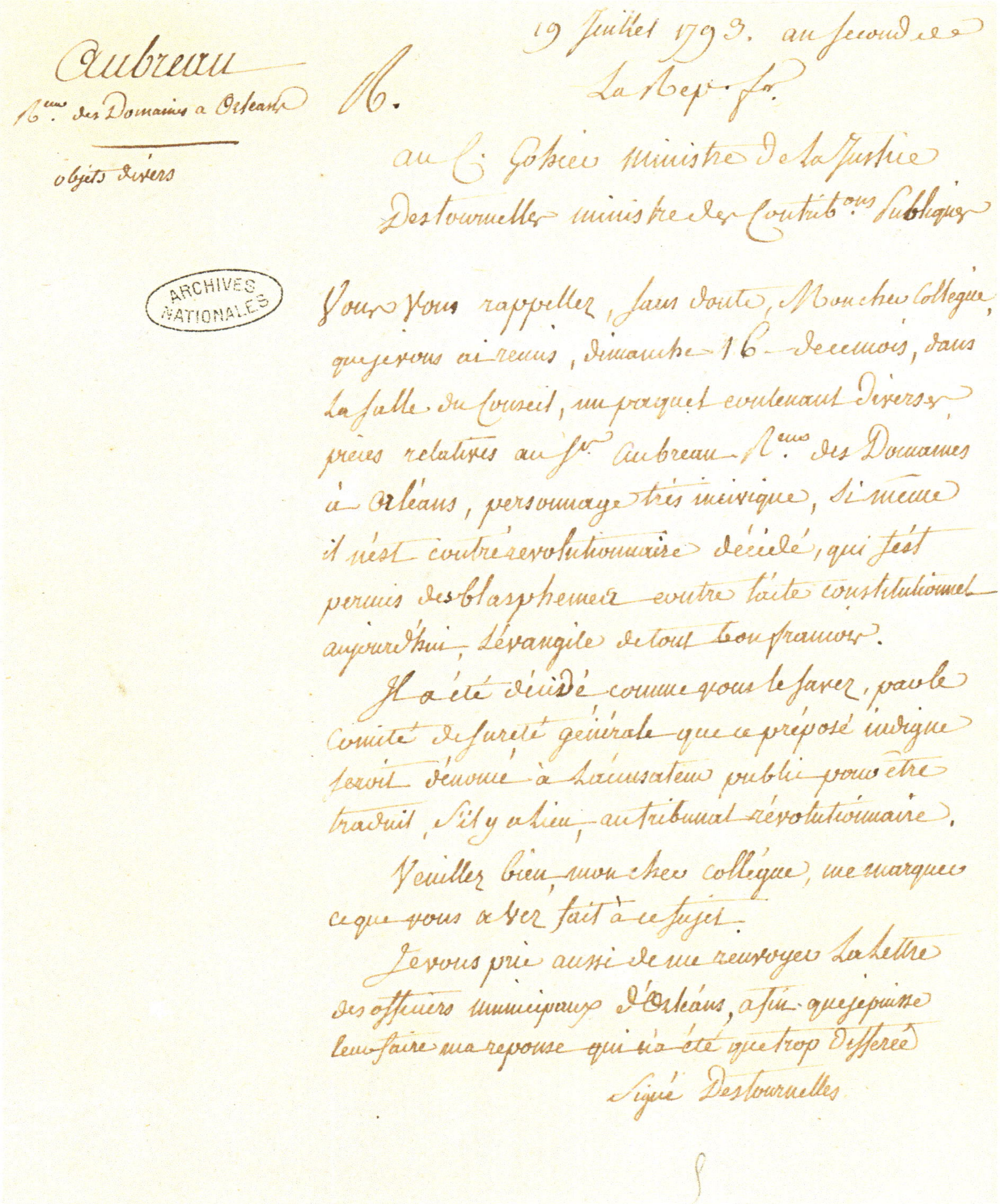

Aubreau
R.eur des Domaines a Orleans
objets divers

19 Juillet 1793. an second de la Rep. fr.

M.

au C. Gohier ministre de la Justice
Destournelles ministre des Contrib.ons Publiques

Vous vous rappellez, sans doute, Mon cher Collègue, que je vous ai remis, dimanche 16 de ce mois, dans la salle du Conseil, un paquet contenant diverses pièces relatives au Sr. Aubreau R.eur des Domaines à Orléans, personnage très incivique, si même il n'est contrerévolutionnaire décidé, qui s'est permis des blasphèmes contre l'acte constitutionnel aujourd'hui l'évangile de tout bon françois.

Il a été décidé comme vous le savez, par le Comité de sureté générale que ce préposé indigne seroit dénoncé à l'accusateur public pour être traduit, s'il y a lieu, au tribunal révolutionnaire.

Veuillez bien, mon cher collègue, me marquer ce que vous avez fait à ce sujet.

Je vous prie aussi de me renvoyer la lettre des officiers municipaux d'Orléans, afin que je puisse leur faire ma réponse qui n'a été que trop differée

Signé Destournelles

54 Copie d'une lettre du ministre des Contributions publiques au ministre de la Justice, 19 juillet 1793

Paris, Archives nationales, Administrations locales et comptabilités diverses, H//1445, p. 8

55 Pierre-Antoine Demachy, *La Fête de l'Être suprême, au Champ-de-Mars, 20 prairial an II* (8 juin 1794), 1794
Paris, musée Carnavalet – Histoire de Paris, P81

Le culte de l'Être suprême visait à remplacer le christianisme par une religion philosophique et civique libérée de la superstition. Au cours de cette cérémonie, Robespierre brûla un monstre représentant l'athéisme, faisant ainsi apparaître une statue de la Sagesse. Sur le Champ-de-Mars, on gravit une montagne artificielle au sommet de laquelle se trouvait l'arbre de la Liberté. Robespierre, devenu ainsi le « grand prêtre d'une religion nouvelle », peu après avoir été élu à l'unanimité président de la Convention, connaissait là son apothéose, quelques semaines seulement avant sa chute et son exécution, le 28 juillet 1794.

56 Anatole Devosge, *Le Peletier de Saint-Fargeau sur son lit de mort*, vers 1794, dessin d'après un tableau disparu de Jacques-Louis David

Dijon, musée des Beaux-Arts, Sup 5-D Devosge

Représentant d'une illustre dynastie de noblesse de robe, Louis-Michel Lepeletier, marquis de Saint-Fargeau, siège aux états généraux de 1789 en tant que député de la noblesse de Paris. Élu député à la Convention nationale, il fait partie des partisans les plus radicaux de la Révolution et vote la mort de Louis XVI le 20 janvier 1793. Le soir même, il est assassiné par un ancien garde du roi.

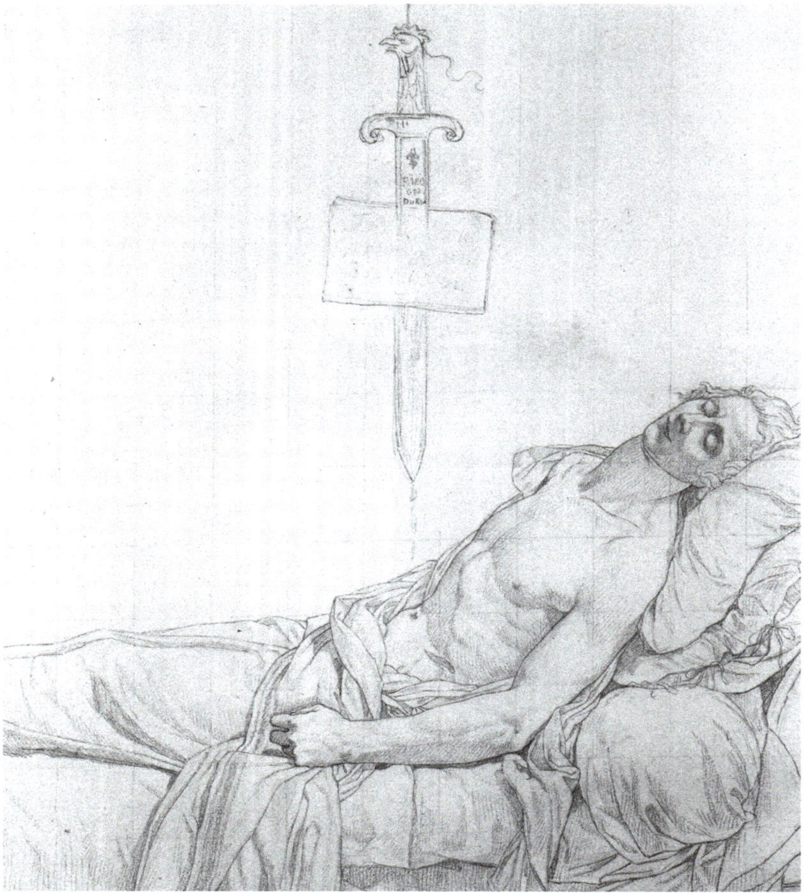

57 Jean-Nicolas-Alexandre Brachard, *Buste de Bara*, 1794

Sèvres – Manufacture et Musée nationaux, MNC 23456

Jeune héros fabriqué par la Révolution immédiatement après avoir été tué par les insurgés vendéens en 1793, Joseph Bara est ici représenté dans un uniforme de hussard qu'il n'a probablement jamais porté. Les traits particulièrement juvéniles du modèle exacerbent l'impression d'innocence et de pureté de l'enfant volontaire. Il s'agit ici d'exalter l'enthousiasme patriotique des soldats de l'an II, alors que la République est menacée d'invasion.

et le culte décadaire de Merlin de Douai. Mais tous échouent car, au fond, c'est la Révolution elle-même qui est l'objet de son propre culte. Elle se répand en Europe à la faveur des conquêtes françaises, à la façon même d'un mouvement religieux. Tocqueville n'hésite pas à comparer cette expansion à celle des conquérants de l'islam: « La Révolution [...] est devenue elle-même une sorte de religion nouvelle, religion imparfaite, il est vrai, sans Dieu, sans culte et sans autre vie, mais qui, néanmoins, comme l'islamisme, a inondé toute la terre de ses soldats, de ses apôtres et de ses martyrs » (*L'Ancien Régime...*, livre I, chap. 3). La « martyrologie républicaine » exalte par exemple l'assassinat de Le Peletier de Saint-Fargeau (fig. 56) ou le sacrifice du jeune patriote Bara en Vendée (fig. 57).

Toutefois, après dix ans de conflits, le peuple semble las et aucune religion de substitution n'a encore réussi à s'imposer (protestantisme et judaïsme restant des religions minoritaires). Cet échec conduit finalement le Premier consul, après le coup d'État du 18 brumaire an VIII (9 novembre 1799), à renouer avec le catholicisme romain traditionnel en concluant avec le pape Pie VII un nouveau concordat en 1801. Mais Napoléon, lui-même plutôt déiste, ne renoue avec le catholicisme que dans une perspective instrumentale, gallicane, offrant au pouvoir politique un contrôle étroit au temporel sur l'Église de France. Au fond, contrairement aux apparences, le Concordat échoue à rétablir en France le lien rompu en 1791-1794 entre l'Église et l'État – la loi de séparation de 1905 étant une suite lointaine mais logique de la première séparation de 1795. Et si l'athéisme ne sera toujours professé que par une minorité militante, la méfiance à l'égard du catholicisme, associé à la contre-révolution et à la monarchie, restera un trait marquant de l'histoire républicaine du XIXe et de la première moitié du XXe siècle. Dans *Du contrat social* (1762), Rousseau en donne par avance la clé: « Le christianisme ne prêche que servitude et dépendance. Son esprit est trop favorable à la tyrannie pour qu'elle n'en profite pas toujours » (IV, 8). Cette *forma mentis* explique pourquoi certains esprits, restés au fond religieux, se montrèrent avant tout fermés à l'encontre du catholicisme mais ouverts à l'égard des autres cultes minoritaires tout en copiant l'imaginaire catholique, créant par exemple la cérémonie du baptême républicain – sans que ce sacré républicain ne parvienne véritablement à s'imposer.

Renouer avec le sacré

Après la Révolution, le pouvoir suprême se demande comment se soustraire à la sacralité de l'Ancien Régime sans renoncer à en conserver la dignité. La question se pose surtout à partir de la Restauration, avec le retour de la liberté de la presse. *De facto*, ce problème a été occulté sous la Révolution et l'Empire, car la suppression de la presse royaliste dès l'instauration de la République en septembre 1792, bientôt la mise en place de la Terreur, puis la marginalisation institutionnelle du pouvoir exécutif (gouvernement dit « d'assemblée ») rendent très secondaire cette question de la sacralité de la magistrature suprême. Qui aurait osé, du reste, contester Robespierre avant le coup d'État de Thermidor? De même, après le 18 Brumaire et l'instauration du Consulat puis de l'Empire, la figure de l'Empereur est intouchable, pour des raisons évidentes. Le Concordat de 1801 oblige en outre les curés, à la fin de l'office divin, à faire prier pour le salut du Consulat puis de l'Empire (*Domine, salvam fac Rempublicam; Domine, salvos fac Consules*, qui devient après 1804 *Domine salvum fac imperatorem nostrum Napoleonem*). Bientôt, on tente de faire de Napoléon Ier une sorte de roi thaumaturge, rappelant ses hypothétiques exploits à Jaffa (fig. 58) dont se moque bien la presse anglaise (fig. 59).

Par une circulaire datée du 19 avril 1806, le ministre des Cultes, Portalis, enjoint aux évêques de faire prier pour l'Empereur dans le canon de la messe comme il était « usité dans l'ancienne monarchie », tout en prenant bien soin « de substituer le titre d'Empereur à celui de Roi ». Cette même année est instaurée, le 15 août, une fête nationale, la Saint-Napoléon, qui concurrence cependant l'Assomption et ne survivra pas à la chute de l'Empire. L'abbé Grégoire dénonce, dans son *Essai sur l'idolâtrie politique ou basileolâtrie* (1828), l'épiscopat servile qui a accepté d'instituer une « nouvelle espèce de demi-sacrement ».

Cette période de 1799 à 1815, qui marque l'instauration, du point de vue juridique, d'une dictature militaire, ou si l'on préfère d'une « *Aufklärung* autoritaire[4] », peine malgré tout à rétablir le lien déchiré entre le pouvoir et le sacré. Dieu n'est plus l'origine du pouvoir. Du reste, l'Empereur hésite toujours entre légitimité populaire et légitimité monarchique. Le 27 décembre 1804, Napoléon évoque « ce trône, sur lequel la Providence *et la volonté de la Nation* [l]'ont fait monter[5] ». Dans le Concordat conclu en 1801 entre Bonaparte et Pie VII, c'est le nouveau souverain qui professe la religion de ses sujets (la « religion de la grande majorité des citoyens français ») et non plus l'inverse, comme c'était le cas depuis la célèbre formule de la paix d'Augsbourg en 1555, «*cujus regio, ejus religio*» (« tel prince, telle religion »). Ce changement de perspective, plus conforme à une vision démocratique, marque une tentative de transfert de sacralité de l'Église à l'État. Mais ce dernier, même en France où il est exalté depuis Richelieu, reste une institution trop prosaïque pour assurer pleinement cette nouvelle fonction. On peut y voir, comme certains, « une des origines du désenchantement dans la vieille Europe, où la longue lutte entre le sacerdoce et l'Empire, entamée dès le Moyen Âge, s'est éteinte parce que le second a absorbé la vocation spirituelle dévolue au premier[6] ».

Rien d'étonnant, dans ce contexte, que le sacre de Napoléon, célébré le 2 décembre 1804, se solde par un échec, malgré tous les efforts du nouvel empereur. Ne se contentant pas de l'archevêque de Reims, comme dans la tradition monarchique, Bonaparte a exigé la présence du pape en personne, comme Charlemagne. Mais, à la différence de ce dernier, l'Empereur veille à ce que Pie VII ne le couronne pas, afin que le pouvoir spirituel ne s'imagine pas, comme à l'époque de Léon III, instituer le pouvoir temporel. Cependant, la cérémonie brouillonne, longue, froide, s'est au fond « sécularisée », dans le sens littéral du terme : transférée au siècle. Elle est totalement dénuée de spiritualité – contrairement aux rois, Napoléon ne fait pas le serment de protéger l'Église – et suscite une ironie affichée de la part des nouvelles élites plus encore que de la part des anciennes. Bref, la IVe dynastie que l'Empereur s'est efforcé de consacrer, les Napoléonides, ne survivra pas à sa chute en 1814-1815.

Le sacré au défi de la liberté de la presse

Tout change avec la Restauration (1814-1830) : l'article 13 de la Charte de 1814 proclame que le nouveau roi est inviolable et *sacré*. Cela n'en fait pas pour autant un monarque absolu : les fondements de la souveraineté royale restent, comme le proclame le préambule de la Charte, la divine Providence et le droit historique de la dynastie capétienne, qui, depuis plus de huit siècles, règne sur la France ; mais la nouvelle monarchie se veut libérale et rompt avec les traditions autoritaires du jacobinisme et du bonapartisme. Le retour des Bourbons est ainsi marqué, même si cela sera erratique, par la réapparition de la liberté de la presse (art. 8 de la Charte). La question

58 Manufacture impériale de Sèvres et Pierre-Nolasque Bergeret, vase étrusque à larmier orné de deux scènes : « Napoléon touchant un invalide du bâton d'Esculape » et « Les Pestiférés de Jaffa », 1807

Château de Fontainebleau, musée Napoléon Ier, F 2014.24

59 George Cruikshank, « Poisoning the sick at Jaffa », illustration pour William Combe, *The Life of Napoleon, a hudibrastic poem in fifteen cantos, by doctor Syntax, embellished with thirty engravings, by G. Cruikshank*, Londres, 1817

Château de Fontainebleau, musée Napoléon Ier, F 2008.4

En 1798, le général Bonaparte aborda les rivages fabuleux de l'Orient, débarqua en Égypte et espéra marcher sur Constantinople, pour échouer à Saint-Jean-d'Acre et devoir évacuer Jaffa, gorgée de blessés et de malades français, « pestiférés » impossibles à évacuer. L'épisode, atroce, allait recevoir deux traitements interprétatifs radicalement différents.

L'attaque anglaise – une planche par George Cruikshank illustrant *The Life of Napoleon* de William Combe – incrimine le général en chef comme empoisonneur de ses propres blessés. À l'instigation de Bonaparte, qui indique les malades, un être méphistophélique – Desgenettes, le pharmacien en chef de l'armée, ici campé en exécutant docile – est à l'œuvre dans une sorte de laboratoire fourni en jarres, mortier, balance, bouteilles et fioles, le tout sur un fond de dépouille de crocodile évoquant à la fois les bords du Nil et une pharmacopée maléfique. Par contraste avec le premier plan éclairé sur la gauche et rehaussé de couleurs par les vêtures, le dortoir sur la droite est plongé dans un terne et blafard camaïeu de gris affectant lits, draps et malades eux-mêmes, juste ponctués d'un bonnet rouge de mauvais augure.

Cette charge de crime prémédité suscita des contre-feux côté français. La propagande officielle répliqua sous forme d'un ample tableau, confié à Antoine-Jean Gros et exposé au Salon de 1804 (le livret précise : « Bonaparte, général en Chef de l'Armée d'Orient, au moment où il touche une tumeur pestilentielle en visitant l'hôpital de Jaffa »), et d'un vase « étrusque » produit par la Manufacture impériale de Sèvres en 1807.

Sur une panse de ce vase se déploie la scène des « Pestiférés de Jaffa », rigoureusement construite et d'une grande lisibilité. Le jeune général intrépide n'hésite pas à toucher un pestiféré à Jaffa le 11 mars 1799.

Un jeu d'arcades surbaissées permet à Pierre-Nolasque Bergeret de distribuer, de part et d'autre d'une colonne centrale orientalisante, deux groupes qu'unit l'audace du geste du général en chef. Quoique l'officier à sa droite essaie de l'en dissuader, Bonaparte pose hardiment sa main droite nue sur l'épaule gauche du malade.

Ce vase est porteur d'une référence qui n'échappait pas aux contemporains : le geste du jeune général touchant un pestiféré renvoie au roi de France qui touchait les écrouelles au lendemain de son sacre à Reims – de même que, sur l'autre panse du vase, la scène « Napoléon touchant un invalide du bâton d'Esculape » évoque Louis XIV fondant l'hôtel des Invalides pour les anciens soldats. Par cette dimension thaumaturgique, Napoléon s'égale aux rois, Capétiens puis Bourbons. Le fondateur de la quatrième dynastie, issu de ses propres œuvres, capte ainsi un attribut de la souveraineté des dynasties précédentes, tout en procédant à une ellipse aussi subtile que paradoxale : cet épisode brûlant de la toute récente campagne d'Égypte de 1799 est traduit sur un vase de forme et de style délibérément antiques, enjambant allègrement des siècles d'histoire de France tout en s'entant sur une spécificité nationale, le toucher des écrouelles, référence sous-jacente mais bien réelle.

Christophe Beyeler

du respect et de la sacralité du pouvoir va désormais se poser en des termes nouveaux qui fixeront les bases du débat contemporain, comme nous allons le voir.

La loi du 17 mai 1819 sur la liberté de la presse établit le délit d'offense au roi afin de protéger un pouvoir sacré, mais dans un contexte postrévolutionnaire. La mauvaise réception du sacre de Charles X par les Français, en 1825, démontre qu'on ne peut plus ranimer la flamme qui s'est bel et bien éteinte le 21 janvier 1793. Le résidu de sacralité du pouvoir se réfugie désormais dans cette infraction d'offense qui accorde une protection particulière au chef de l'État et va se perpétuer dans notre droit jusqu'en 2013. Le régime accorde en outre à la caricature un traitement particulier, en raison de sa puissance; ainsi, elle reste soumise à la censure (loi du 31 mars 1820, confirmée par la loi du 25 mars 1822). Cette politique se poursuit sous la monarchie de Juillet (1830-1848), qui naît pourtant des barricades pour défendre la liberté de la presse menacée par les ordonnances de Charles X: le nouveau régime, qui repose sur un pacte entre le roi et la nation tout en cherchant, en vain, à renforcer la sacralité royale (fig. 60), abolit le 8 octobre 1830 la loi sur les caricatures, mais il la rétablit par la loi du 9 septembre 1835 et le monarque conserve la protection du délit d'offense. Cette question est d'autant plus aiguë que les caricatures se multiplient contre le « roi bourgeois » – notamment la fameuse caricature de Charles Philipon, souvent attribuée à Daumier, représentant Louis-Philippe avec une tête de poire (fig. 61).

En 1848, la IIe République instaure pour la première fois en France la présidence de la République, en même temps que la liberté de la presse fait son retour. Se pose alors la question de savoir s'il faut conserver ou non le délit d'offense, en remplaçant simplement le roi par le président de la République. Certains républicains jacobins y sont opposés, considérant qu'il faut rompre avec la sacralité monarchique des régimes honnis. Ledru-Rollin et les radicaux jugent ainsi ce délit d'offense « antirépublicain ». En 1849, le républicain modéré Odilon Barrot leur répond qu'ils ont tort de se préoccuper si peu de la « dignité de la magistrature suprême ». Il ajoute que « ceux qui ont pris au sérieux cette magistrature [...] voudront au moins lui assurer le respect qui est nécessaire pour accomplir dignement sa fonction ». La sacralité républicaine passe désormais par l'élection et la question du respect accordé à la plus haute fonction de l'État devient cruciale. Négligeons le Second Empire qui, comme le Premier, instaure un régime de censure; par conséquent, la question de l'offense ne se pose à nouveau qu'à partir de la fondation de la IIIe République. La censure est abolie le 30 septembre 1870, puis rétablie le 18 mars 1871, et enfin définitivement abolie par la fameuse loi du 29 juillet 1881 sur la liberté de la presse (toujours en vigueur). Cette loi consacre le délit d'offense au président de la République (art. 26) et y ajoute le délit d'offense « commise publiquement envers les chefs d'État étrangers » (art. 36).

L'offense au président de la République

Dès lors, l'utilisation très politique de ce délit va présenter, comme l'a montré Olivier Beaud, trois sens différents dans l'histoire constitutionnelle récente[7]. Sous les IIIe et IVe Républiques, ce délit est fort peu utilisé car le régime se veut profondément libéral et ne voit dans la présidence qu'une « magistrature d'influence ». Il n'y a entre 1881 et 1940 que quatre procès pour offense au chef de l'État, dont le premier contre *Le Clairon*, une feuille monarchiste qui accuse Jules Grévy, le premier président « républicain » à l'Élysée[8], d'être un « prêtrophobe, grossièrement sacrilège ». La sanction de la cour d'assises est sévère car le journaliste est condamné à une peine de trois mois de prison ferme. Mais elle n'empêche pas Grévy d'être brocardé dès le début de son second mandat, en 1886, en raison des malversations de son gendre (scandale des décorations). Très vite, après 1895, les procès pour offense cessent, l'Élysée refusant à la justice les autorisations pour poursuivre – car, en droit, cette initiative revient aux parquets. Même au moment de l'affaire Dreyfus, durant laquelle les présidents Loubet et Fallières sont attaqués de façon virulente par les milieux antidreyfusards (fig. 62), la tradition libérale prévaut et il en ira de même sous la IVe République[9].

Sous le régime de Vichy, au contraire, le pouvoir utilise à tour de bras le délit d'offense au maréchal Pétain. Car le nouveau régime oscille entre la dictature (culte du chef) et la logique monarchique. Le Maréchal a, selon le discours officiel, fait « don à la France de sa personne » et il est protégé par deux lois de 1940 et 1941 qui modifient et dénaturent l'article 26 de la loi de 1881 sur la liberté de la presse. Les poursuites se multiplient donc pour protéger l'honneur d'un chef doté d'une « mission divine », comme le proclame Mgr Delay, évêque de Marseille : « Dieu, par votre intercession, Monsieur le Maréchal, travaille à sauver la France. » Olivier Beaud chiffre à

60 Jean-Auguste-Dominique Ingres, vitrail de la chapelle royale de Dreux, représentant saint Philippe sous les traits du roi Louis-Philippe, 1842-1844

Louis-Philippe Ier, roi des Français, s'il n'est plus souverain de droit divin, tente de préserver l'ancienne sacralité de la monarchie d'Ancien Régime. La chapelle de Dreux, édifiée à partir de 1816 pour servir de nécropole à la famille d'Orléans, reçoit ainsi un ensemble de vitraux qui rattache le monarque aux dynasties qui l'ont précédé ainsi qu'aux saints protecteurs traditionnels de la France, au milieu desquels prend place le roi lui-même, représenté en saint Philippe. Quant au sanctuaire, il est significativement placé sous le patronage de saint Louis.

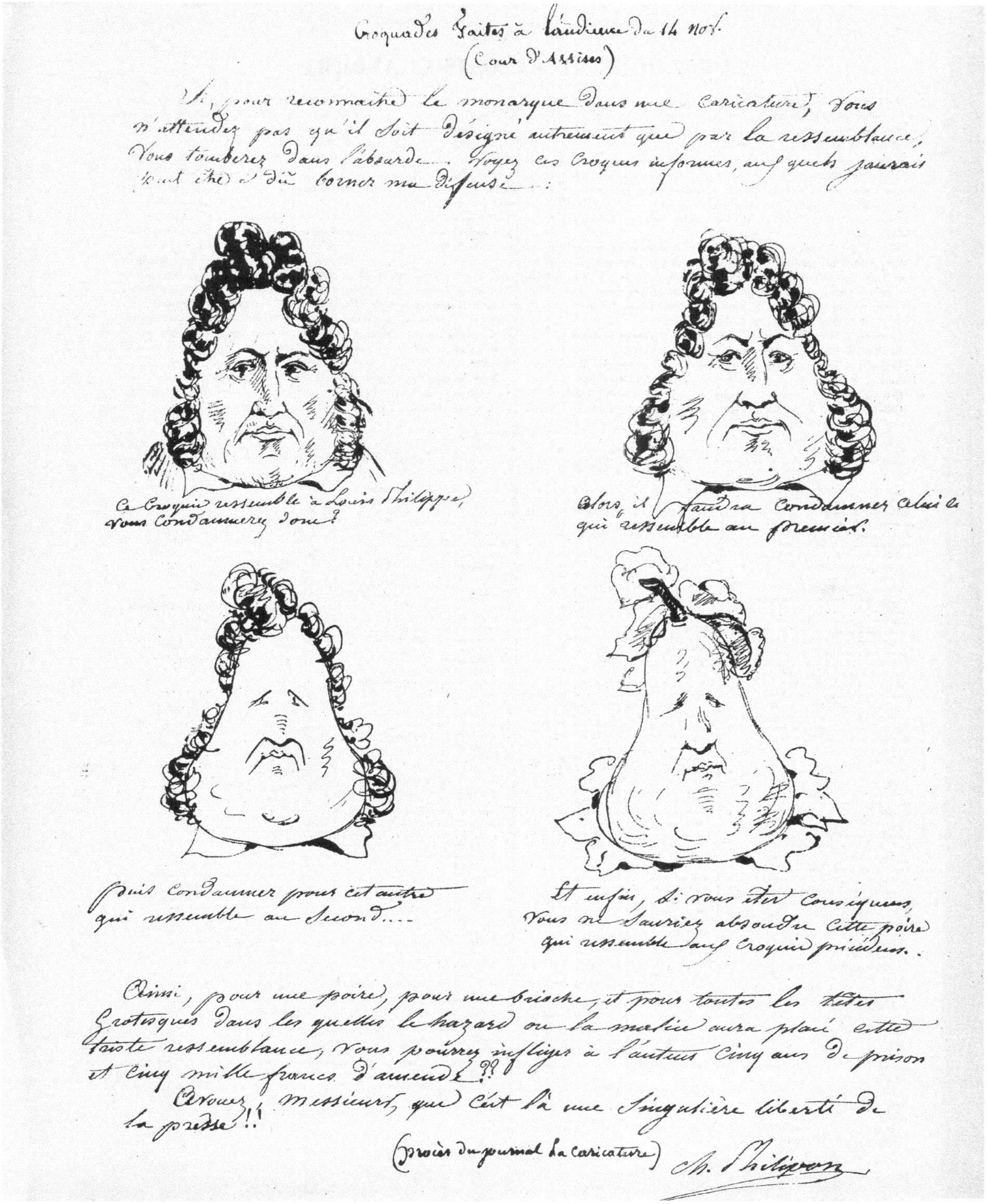

61 Charles Philipon, *Croquades faites à l'audience du 14 novembre (cour d'assises)*, 1831

Paris, musée Carnavalet – Histoire de Paris, legs Amédée Berger

Dessinateur et fondateur de l'hebdomadaire *La Caricature morale, religieuse, littéraire et scénique* peu après la révolution de 1830, Charles Philipon est attaqué en justice à plusieurs reprises en raison de ses caricatures politiques hostiles à Louis-Philippe. Le 14 novembre 1831, en pleine audience, il démontre, dessins à l'appui, que tout peut ressembler au roi, jusqu'à une simple poire. La poire devient dès lors « l'emblème satirique récurrent » de Louis-Philippe.

plus de trois cents les procès pour offense au chef de l'État, la justice agissant même quand il ne s'agit que de «gestes» (loi du 18 mai 1941) ou d'ironie légère (par exemple le fait, pour un cordonnier, d'avoir déposé dans sa vitrine le portrait de Pétain entre un pot de chambre et un seau hygiénique). Le pouvoir cherche à sacraliser la personne du Maréchal et les peines sont sévères: la prison ferme frappe les condamnés, certains étant même conduits en déportation.

À partir de 1958, avec la revalorisation de la fonction de chef de l'État, qui passe du statut d'arbitre à celui de chef actif – «Le chef de l'État décide, le gouvernement exécute», résumera le grand constitutionnaliste Georges Vedel –, le pouvoir rompt avec les pires dérives autoritaires de Vichy sans pour autant renouer avec la logique libérale de la IIIe et de la IVe République. On est donc dans une situation intermédiaire où la défense de la dignité de la fonction suprême, parfois menacée par des attentats (fig. 63), s'impose sur la liberté d'expression, dans une perspective qu'on pourrait qualifier d'«illibérale» propre à la nouvelle «monarchie républicaine»: «De Gaulle a voulu introduire de nouvelles mœurs, plus "rigoristes", en décidant de faire sanctionner ce qui ne l'était pas sous la IVe République[10].»

La justice poursuit donc avec une vigueur particulière les offenses au chef de l'État et jamais, hors régime de Vichy, les tribunaux ne vont se montrer aussi empressés. On connaît ainsi une explosion du nombre de procès (il y en a, de 1959 à 1969, entre cent et cent cinquante, selon Olivier Beaud), essentiellement contre l'extrême droite. Le régime poursuit davantage les partisans de l'Algérie française, dont le journal *Rivarol*, que les militants de gauche, car les nostalgiques de Vichy lui apparaissent comme des factieux cherchant à prendre leur revanche à la faveur de la crise algérienne.

L'analyse précise de la pratique judiciaire démontre dans le détail l'orientation «illibérale» du régime, contrairement à ce qui est admis par la doxa jusqu'à nos jours. La Cour de cassation, par un arrêt de principe du 13 juillet 1960, marque ainsi une rupture avec la jurisprudence antérieure (et cette jurisprudence sera confirmée en 1965). Cet arrêt – étrangement non publié, pour ne pas souligner ce revirement autoritaire – étend au maximum la notion d'offense, ne se limitant plus aux outrages (injure et diffamation), mais l'élargissant aux moqueries et aux caricatures du président de Gaulle, ce qui limite amplement la liberté de la presse à l'égard du chef de l'État. La haute juridiction rappelle au sujet de ce dernier «l'obligation qui s'impose à tous les citoyens de respecter sa personne». Le général

62 *Le Petit Journal*, 18 juin 1899, supplément du dimanche

Paris, Bibliothèque nationale de France, FOL-LC2-3011

Quelques jours après que la Cour de cassation a annulé le jugement rendu en 1894 contre le capitaine Dreyfus, déclenchant la fureur des antidreyfusards et de la presse antisémite, le président Loubet est agressé alors qu'il montait dans la tribune présidentielle pour assister au steeple-chase d'Auteuil : le baron Christiani lui donne plusieurs coups de canne, qui atteignent son chapeau. Christiani est condamné à quatre ans de prison pour violence envers un dépositaire de l'autorité publique et sera libéré en 1900. Cible de campagnes de presse très virulentes tout au long de son mandat (1899-1906), Émile Loubet se refusait à poursuivre ses diffamateurs pour offense au président de la République, comme l'y autorisait la loi de 1881 sur la liberté de la presse. De 1895 à 1940, aucun président ne se départira de cette ligne.

Le Petit Journal

Le Petit Journal

Le Supplément illustré

SUPPLÉMENT ILLUSTRÉ

Huit pages : CINQ centimes

ABONNEMENTS

Dixième année

DIMANCHE 18 JUIN 1899

Numéro 448

LES INCIDENTS D'AUTEUIL

Agression contre le Président de la République

63 La DS présidentielle visée par des membres de l'OAS le 22 août 1962

Agence France-Presse

Le 22 août 1962, en route pour l'aéroport de Villacoublay, la DS 19 qui transporte le général de Gaulle et son épouse tombe dans une embuscade tendue au Petit-Clamart par des partisans de l'Algérie française. Un commando de douze hommes tire sur la voiture présidentielle, sans atteindre aucun des passagers, malgré les quatorze impacts de balles relevés sur le véhicule. L'organisateur de l'attentat, Jean Bastien-Thiry, est condamné à mort et fusillé au fort d'Ivry le 11 mars 1963.

26.7.63

NOTE

Objet : Poursuites de presse pour offenses au Chef de l'Etat.

Le Président de la République s'était préoccupé d'un jugement de relaxe rendu le 21 mai 1963 par la 17ème Chambre du tribunal correctionnel de la Seine au bénéfice des dirigeants du journal "L'Esprit Public" qui avaient publié un article offensant pour le Chef de l'Etat.

Il est rendu compte de ce que cette décision a été réformée par la Cour d'Appel de Paris le 3 juillet 1963, les auteurs du texte incriminé étant condamnés à 1.500 F d'amende.

Cet arrêt, intervenu dans un délai très court après le jugement de première instance, montre le souci qu'ont eu les Chefs de la Cour d'Appel de Paris de redresser une situation inopportune.

\- 3 -

Il faut considérer cependant qu'il ne s'agit que de premiers résultats et que la persévérance dans cette politique de répression doit amener les tribunaux à prendre davantage conscience de ce que leur tâche n'est pas seulement de garantir la liberté de la presse mais aussi d'assurer le respect des limites que la loi a prévues à cet égard.

Aussi bien peut-on penser que déjà les dirigeants de cette presse discernent ce qui menace leur activité illicite. Ils ont obtenu au dernier congrès de l'Association des Rédacteurs en chef qu'un voeu tendant à l'abrogation de l'article 26 de la loi sur la presse soit adopté. Le parti socialiste a de son côté déposé sur le bureau de l'Assemblée Nationale, en novembre dernier, une proposition de loi dans ce sens.

Ces différentes réactions montrent que, malgré la faiblesse actuelle de la répression, l'action publique est dans la bonne voie.

64 Note du 26 juillet 1963 relative aux poursuites de presse pour offense au chef de l'État

Paris, Archives nationales, Papiers des chefs de l'État, général de Gaulle, AG/5(1)/2104, p. 1 et 3

Signée et probablement rédigée par Jean-Jacques de Bresson, conseiller technique au secrétariat général de la présidence de la République, cette note témoigne de l'intensification sans précédent des poursuites pour offense au chef de l'État, notamment à la fin de la guerre d'Algérie, lorsque se multiplient les attentats de l'Organisation armée secrète (OAS), fondée par des partisans de l'Algérie française. Elle mentionne le suivi attentif de ces poursuites judiciaires par Charles de Gaulle en personne.

de Gaulle se montre lui-même très attentif à cette question et n'hésite pas à « faire réprimer judiciairement la critique politique de son action » : les archives démontrent que l'Élysée supervise avec beaucoup d'attention l'action de la justice en ce domaine (fig. 64). En retour, les partisans de l'OAS et les anciens défenseurs de l'État français ont beau jeu de se réclamer de la liberté d'expression (procédé qui se rejouera ultérieurement avec les islamistes au sujet de la liberté de conscience). Cette liberté est instrumentalisée par les nostalgiques de Vichy, le régime le plus ardent à violer cette même liberté et à poursuivre avec une rigueur extrême tous les types d'offense au chef de l'État. On mesure ici les limites et l'ambiguïté de l'utilisation de la liberté par les ennemis de la liberté.

La protection du chef de l'État aujourd'hui

Les présidents qui suivront le héros du 18 Juin feront un usage bien plus libéral de l'offense au chef de l'État. Il y a bien encore quelques procès sous Georges Pompidou, notamment un contre *Charlie Hebdo* et le dessinateur Cabu, dont un album égratigne Claude Pompidou, l'épouse du président. Lors du procès en 1973, Cabu – qui sera assassiné en 2015 par des islamistes – résume ainsi l'esprit de ses dessins : « À *Charlie Hebdo*, on cherche à faire reculer les limites du bon goût, qui est une notion bourgeoise dont on n'a que faire. » À partir des années 1990, la défense de la « pudeur » devenant plus religieuse que bourgeoise, elle sera aussi bien plus féroce.

Entre-temps, la nouvelle orientation libérale est fixée durablement par le président Valéry Giscard d'Estaing : dès son élection, ce dernier affirme, le 29 mai 1974, qu'il ne saisira plus la justice pour offense à sa personne. Retour à la désacralisation totale du pouvoir ? C'est ce que laisse croire *Libération*, qui titre dès le lendemain : « Depuis hier, insulter Giscard, c'est légal. » Jusqu'à l'arrivée au pouvoir de Nicolas Sarkozy en 2007, il n'y aura plus de poursuite pour offense (mais l'Élysée utilisera parfois d'autres voies de droit, civile ou pénale). La situation des années 1974-2007 peut s'apparenter à l'orientation libérale de la IIIe République après 1895.

Les choses semblent changer après l'élection de Nicolas Sarkozy : en 2008, le parquet ressuscite l'offense au chef de l'État en poursuivant un militant du Front de gauche qui avait accueilli le président à Laval avec une pancarte « Casse-toi pov' con ! », en référence à un propos malheureux du président (fig. 65). Le militant est condamné par les tribunaux – mais, paradoxalement, cette affaire conduit à l'abolition du délit d'offense au chef de l'État. En effet, la Cour européenne des droits de l'homme (CEDH) condamne la France pour violation de la liberté d'expression dans cette affaire. La pancarte se veut, selon elle, une critique de « nature politique » et la sanction lui semble dès lors « disproportionnée ». Le législateur préfère donc abolir le délit d'offense de l'article 26 de la loi de 1881 et il supprime aussi l'article 36, qui avait donné lieu à une condamnation encore plus étonnante du journal *Le Monde* à la suite de poursuites du roi du Maroc: Hassan II avait obtenu la condamnation pour offense à un chef d'État étranger pour un article du 3 novembre 1995 mettant en cause l'entourage royal dans le trafic de cannabis. Après ces sanctions de la CEDH, le législateur français a préféré abolir par la loi du 5 août 2013 un délit d'offense qui paraissait d'un autre âge.

Désormais, la plus haute charge de l'État n'est pas mieux protégée que les autres « dépositaires de l'autorité publique » (art. 31 et 48 de la loi de 1881). On peut considérer que cette évolution correspond à une forme de démocratisation de la vie politique, avec une aspiration à plus d'horizontalité, mais on peut aussi y voir une inquiétante « désacralisation de la fonction présidentielle » (Jean Garrigues). On serait passé, entre Charles de Gaulle et François Hollande, du tout au rien. Le président « normal » (fig. 66) n'a même pas poursuivi des agriculteurs qui, lors du salon de 2016, l'avaient traité de « bon à rien, connard, fumier ». Même la présidence d'Emmanuel Macron, qui s'est voulue dans ses commencements plus « jupitérienne », n'a pas réussi, comme l'ont illustré l'épisode des Gilets jaunes (fig. 67-68) ou les « casserolades », à freiner cette « désacralisation ».

1
Mona Ozouf, *La Fête révolutionnaire, 1789-1799*, Paris, Gallimard, 1976, p. 317-340; voir aussi article « Déchristianisation », dans *Dictionnaire critique de la Révolution française*, Paris, Flammarion, 1992. On ne mentionnera que pour mémoire le débat autour de la notion de « régénération » révolutionnaire, d'inspiration chrétienne (saint Paul), que Lucien Jaume préfère analyser comme un « transfert de religiosité » : Lucien Jaume, *Le Religieux et le Politique dans la Révolution française. L'idée de régénération*, Paris, PUF, 2015, p. 10.

2
Jean-Clément Martin, « La revanche du sacré », dans *Les Échos de la Terreur. Vérités d'un mensonge d'État*, Paris, Belin, 2018, p. 211-243.

3
Nous soulignons.

4
Vincent Petit, « Saint Napoléon, un saint pour la nation », *Napoleonica. La Revue*, n° 23, décembre 2015, p. 62.

5
Nous soulignons.

6
V. Petit, « Saint Napoléon... », art. cit., p. 125.

7
Sur tout ce qui suit, voir Olivier Beaud, *La République injuriée. Histoire des offenses au chef de l'État de la IIIe à la Ve République*, Paris, PUF, 2019.

8
Le premier, Patrice de Mac Mahon, est monarchiste.

9
Sous la IVe République, il n'y a que sept procès pour offense, contre la presse communiste (régionale) et contre la presse d'extrême droite, dont un contre l'écrivain Antoine Blondin, accusé d'avoir offensé le président Auriol en le comparant, dans un article de *La Dernière Lanterne*, à « un personnage aussi dérisoire qu'un amiral suisse ». L'écrivain est acquitté en appel.

10
O. Beaud, *La République injuriée...*, *op. cit.*, p. 472.

65 Autocollant diffusé par le Parti de gauche, vers 2008-2010

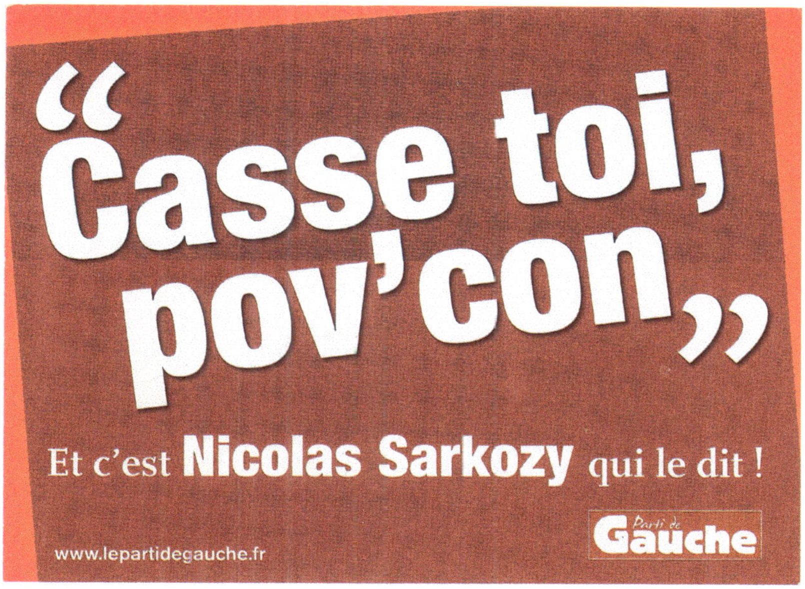

66 Un lecteur du magazine *Closer*, 10 janvier 2014

Est-il encore possible pour un chef de l'État, dans un régime démocratique, de rester en surplomb à l'heure de l'hypercommunication ?

67 Gilets jaunes, acte III : manifestations sur l'avenue des Champs-Élysées le 1er décembre 2018

Le 1er décembre 2018, en marge du mouvement dit des Gilets jaunes, des manifestants s'introduisent à l'intérieur de l'arc de triomphe de la place de l'Étoile, à Paris, et saccagent des moulages des hauts-reliefs de la façade, notamment le *Génie de la Guerre*, menant au combat les volontaires de 1792, sculpté par François Rude. L'Arc de triomphe, construit à l'origine pour célébrer les victoires des armées françaises pendant la Révolution et l'Empire, est devenu l'un des symboles nationaux les plus chargés de sens et d'émotion, notamment depuis l'inhumation du Soldat inconnu, le 11 novembre 1920, et l'installation de la flamme du souvenir, en 1923, commémorant les soldats morts pour la France. Aussi les actes de vandalisme du 1er décembre 2018, dont les principaux auteurs n'ont pas été identifiés ni condamnés, ont-ils choqué une grande partie de l'opinion publique et des Gilets jaunes.

68 Moulage du *Génie de la Guerre* de François Rude, vandalisé le 1er décembre 2018 lors d'une manifestation des Gilets jaunes

Centre des monuments nationaux

Depuis hier, insulter Giscard, c'est légal !

Libération, 30 mai 1974

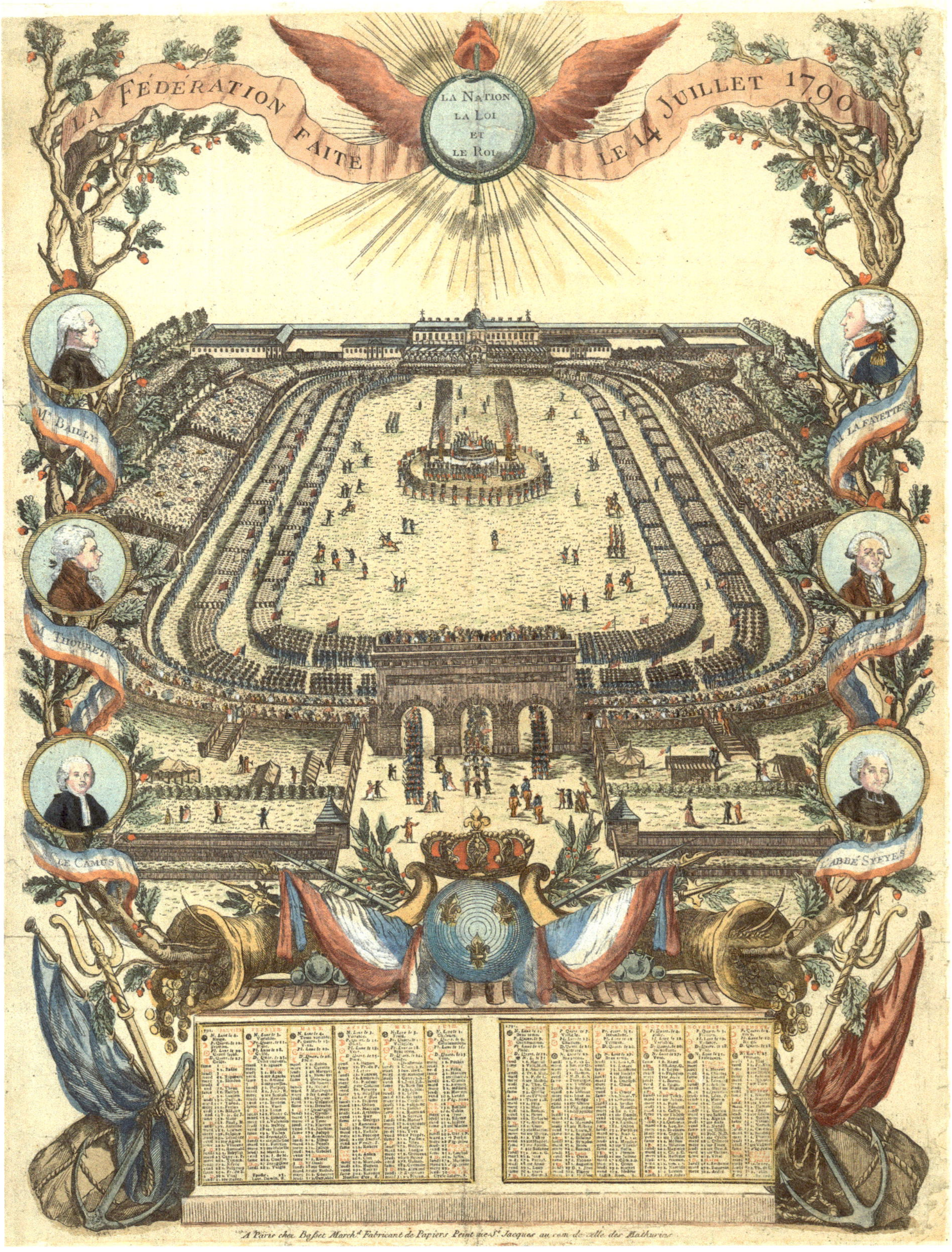
LA FÉDÉRATION FAITE LE 14 JUILLET 1790
LA NATION LA LOI ET LE ROI
M.r BAILLY
M. THOURET
LE CAMUS
LA FAYETTE
L'ABBÉ SYEYES
A Paris chez Basset March.d Fabricant de Papiers Peint rue S.t Jacques au coin de celle des Mathurins

69 *La Fête de la Fédération, faite le 14 juillet 1790*, grand calendrier gravé et aquarellé pour l'année 1791, édité par Paul-André Basset

Paris, Fondation Josée et René de Chambrun

La Fête de la Fédération réunit le 14 juillet 1790, un an après la prise de la Bastille, des détachements de la Garde nationale venus de toute la France. La Garde nationale, issue des milices bourgeoises urbaines dont l'origine remonte au Moyen Âge, constitue alors une force armée composée de citoyens chargés du maintien de l'ordre intérieur, indépendante du roi, en complément de l'armée, toujours placée sous son autorité. Lafayette, commandant la Garde nationale de Paris, prête serment à la nation et au roi, puis Louis XVI jure de maintenir la Constitution, nouvellement adoptée par l'Assemblée constituante. La Fête de la Fédération, par son succès – plusieurs dizaines de milliers d'hommes réunis au Champ-de-Mars devant une foule immense – et son atmosphère de concorde générale, fera naître l'espoir, rapidement fracassé, d'une révolution acceptée par le roi et préservant l'unité nationale.

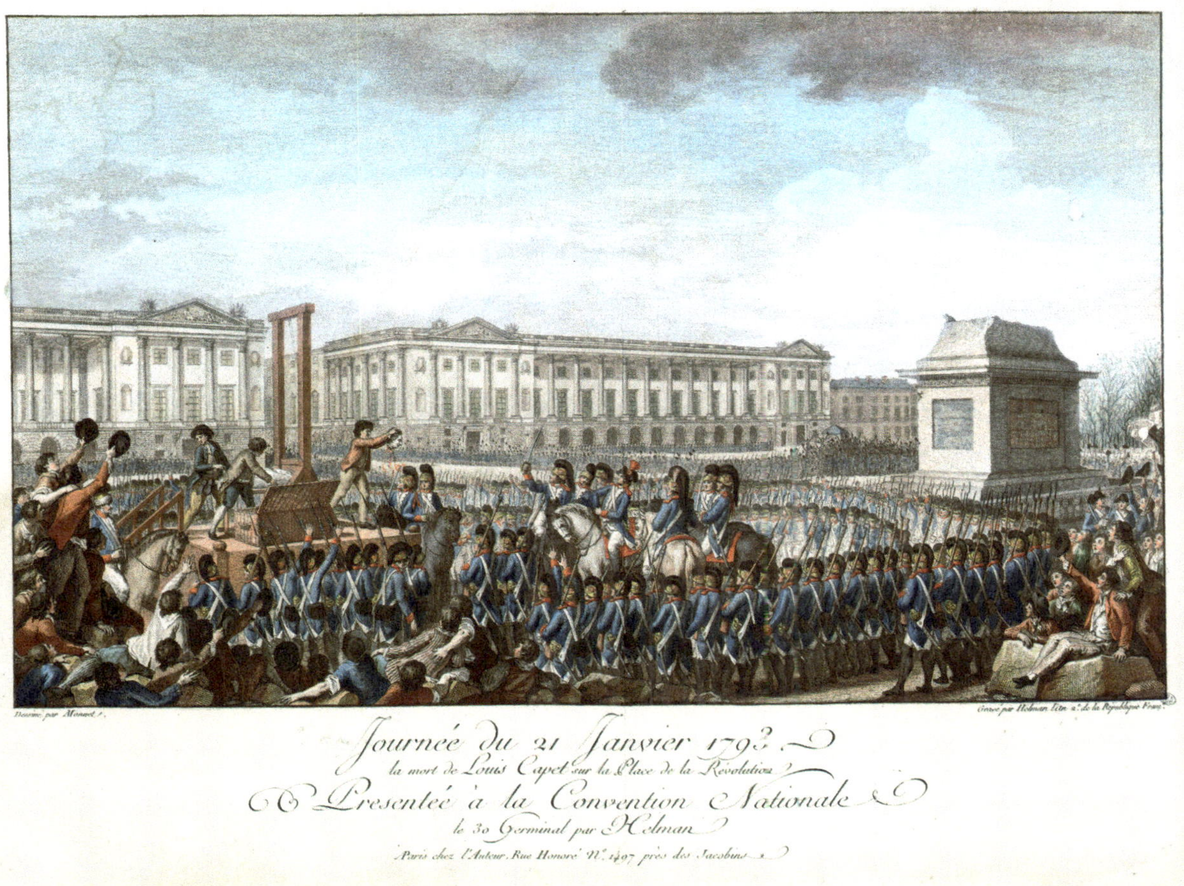

70 Isidore-Stanislas-Henri Helman, *Journée du 21 janvier 1793, la mort de Louis Capet sur la place de la Révolution*, vers 1793

Paris, École nationale supérieure des beaux-arts, EST 4008

Arrêté le 10 août 1792, le roi déchu comparaît comme simple citoyen, sous le nom de « Louis Capet », devant la Convention nationale, qui a succédé en septembre 1792 à l'Assemblée nationale législative. À une voix près, Louis XVI est condamné à mort et guillotiné le 21 janvier 1793, place de la Révolution (anciennement place Louis-XV, aujourd'hui place de la Concorde).

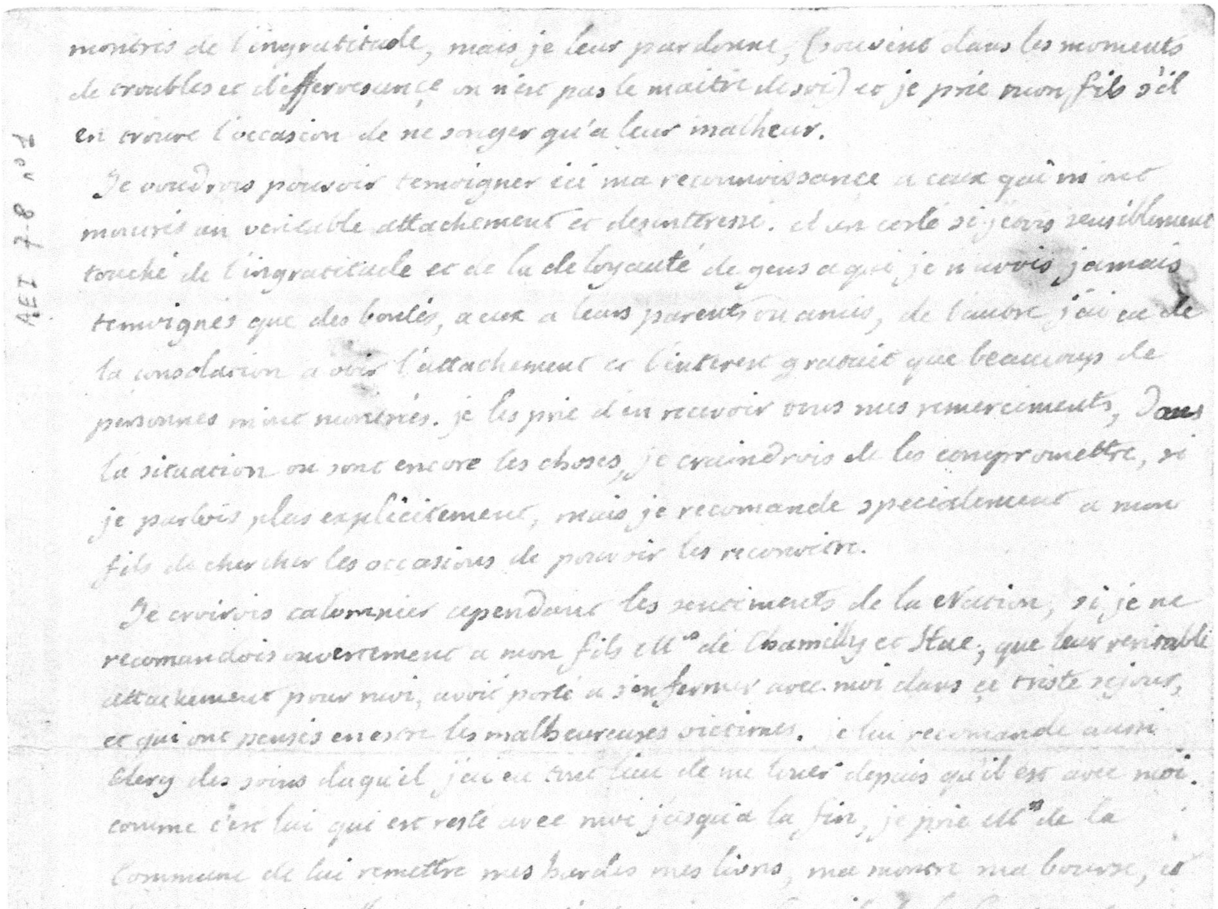
AE I 7-8 n° 1

montrés de l'ingratitude, mais je leur pardonne, (souvent dans les moments de troubles et d'effervescence on n'est pas le maître de soi) et je prie mon fils s'il en trouve l'occasion de ne songer qu'a leur malheur.

Je voudrois pouvoir temoigner ici ma reconnoissance a ceux qui m'ont montrés un veritable attachement et desinteressé. il est certe si j'etois sensiblement touché de l'ingratitude et de la deloyauté de gens a qui je n'avois jamais temoignés que des bontés, a eux a leurs parents ou amis, de l'autre j'ai eu la consolation a voir l'attachement et l'interest gratuit que beaucoup de personnes m'ont montrées. je les prie d'en recevoir tous mes remerciements, Dans la situation ou sont encore les choses, je craindrois de les compromettre, si je parlois plus explicitement, mais je recomande specialement a mon fils de chercher les occasions de pouvoir les reconnoitre.

Je croirois calomnier cependant les sentiments de la Nation, si je ne recomandois ouvertement a mon fils MM. de Chamilly et Hue, que leur veritable attachement pour moi, avoit porté a s'enfermer avec moi dans ce triste sejour, et qui ont pensés en estre les malheureuses victimes. je lui recomande aussi Clery des soins duquel j'ai eu tout lieu de me louer depuis qu'il est avec moi. comme c'est lui qui est resté avec moi jusqu'a la fin, je prie MM. de la Commune de lui remettre mes hardes mes livres, ma montre ma bourse, et les autres petits effets qui ont estés deposés au Conseil de la Commune.

Je pardonne encore tres volontiers a ceux qui me gardoient, les mauvais traitements et les genes dont ils ont cru devoir user envers moi. j'ai trouvé quelques ames sensibles et compatissantes, que celles la jouissent dans leur cœur de la tranquillité que doit leur donner leur façon de penser.

Je prie MM. de Malesherbes Tronchet et de Seze, de recevoir ici tous mes remerciements et l'expression de ma sensibilité, pour tous les soins et les peines qu'ils se sont donnés pour moi.

Je finis en declarant devant Dieu et pret a paroitre devant lui que je ne me reproche aucun des crimes qui sont avancés contre moi. Fait double a la tour du Temple le 25 Decembre 1792.

Louis

Baudrais, officier mal = Coulombeau secret. greffier

71 Testament olographe de Louis XVI, fait à la tour du Temple, signé « Louis », 25 décembre 1792

Paris, Archives nationales, AE/I/7/1

Louis XVI remet son testament au commissaire de la Commune de Paris Baudrais avant de quitter le Temple le 21 janvier 1793, jour de son exécution. Le document est transmis aux ministres le jour même, puis le Conseil exécutif le dépose à la Convention le 23 janvier.

72 Henri-Pierre Danloux, *Louis XVI écrivant son testament à la tour du Temple le 20 janvier 1793*, 1795

Versailles, châteaux de Versailles et de Trianon, MV 8084

L'exécution de Louis XVI, sacrilège ultime, contribue sinon à resacraliser la monarchie, du moins à sanctifier la personne du roi, présenté par ses partisans comme un martyr offrant un parfait exemple de résignation chrétienne. Dans cette lecture royaliste de l'événement, le testament de Louis XVI joue un rôle central, comme en témoigne sa très large diffusion sous forme imprimée quelques mois seulement après la mort du roi, alors que la Terreur bat son plein, y compris à Paris.

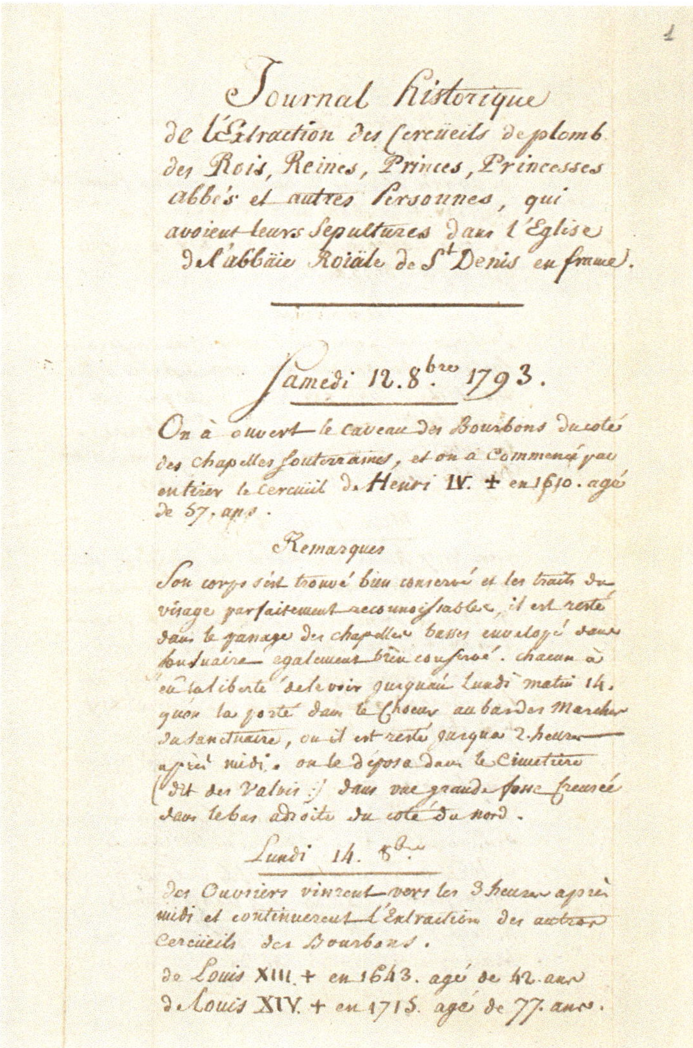

1

Journal historique
de l'Extraction des Cercüeils de plomb
des Rois, Reines, Princes, Princesses
abbés et autres Personnes, qui
avoient leurs Sepultures dans l'Eglise
de l'abbäie Roïale de St Denis en france.

Samedi 12. 8bre 1793.

On à ouvert le caveau des Bourbons du coté des chapelles souterraines, et on a commencé par en tirer le cercüeil de Henri IV. + en 1610. agé de 57. ans.

Remarques

Son corps s'est trouvé bien conservé et les traits du visage parfaitement reconnoissables, il est resté dans le passage des chapelles basses enveloppé dans son suaire egalement bien conservé. chacun à eu la liberté de le voir jusqu'au Lundi matin 14. qu'on la porté dans le Choeur au bas des Marches du sanctuaire, ou il est resté jusqu'a 2. heures après midi. on le déposa dans le Cimetière (dit des Valois) dans une grande fosse creusée dans le bas à droite du coté du nord.

Lundi 14. 8bre

Les Ouvriers vinrent vers les 3 heures après midi et continuerent l'Extraction des autres Cercüeils des Bourbons.

de Louis XIII. + en 1643. agé de 42. ans

de Louis XIV. + en 1715. agé de 77. ans.

73 «Journal historique de l'extraction des cercueils de plomb des rois, reines, princes, princesses, abbés et autres personnes qui avoient leurs sépultures dans l'église de l'abbaïe roïale de Saint Denis en France», 1793

Paris, Archives nationales, AE/I/15/12/B, p. 1

74 Tête du roi David provenant de la galerie des rois de Notre-Dame de Paris, vers 1220

Paris, musée de Cluny – musée national du Moyen Âge, Cl. 23002

Cette tête provient de la galerie des rois de la façade occidentale de Notre-Dame de Paris, au-dessus des portails d'entrée. Longtemps identifiées par le public, et ce dès le Moyen Âge, aux principaux rois mérovingiens, carolingiens et capétiens, les statues représentent en réalité les rois de Juda, ancêtres présumés de la Vierge (le royaume de Juda étant issu de la partition du royaume d'Israël au Xe siècle avant J.-C.). Cette tête serait celle du roi David, père de Salomon et grand-père du premier roi de Juda. La statue ayant été basculée sur le parvis en 1793 puis décapitée, elle a été découverte avec d'autres, en 1977, au cours de travaux entrepris à la Banque française du commerce extérieur. Elle porte encore des traces de polychromie (carnation, pupilles, cheveux et barbe).

75 Mémoire en dépenses « pour la suppression des figures et signes de la féodalité au temple de la raison, ci-devant église métropolitaine [Notre-Dame] », 1793-1794

Paris, Archives nationales, Administration des travaux publics du département de Paris, F/13/962

Ce mémoire recense les divers travaux exécutés par Varin, entrepreneur de bâtiments, pour le compte du département de Paris. Y est mentionnée la dépose des vingt-huit statues de la galerie des rois, pour la somme de 448 livres.

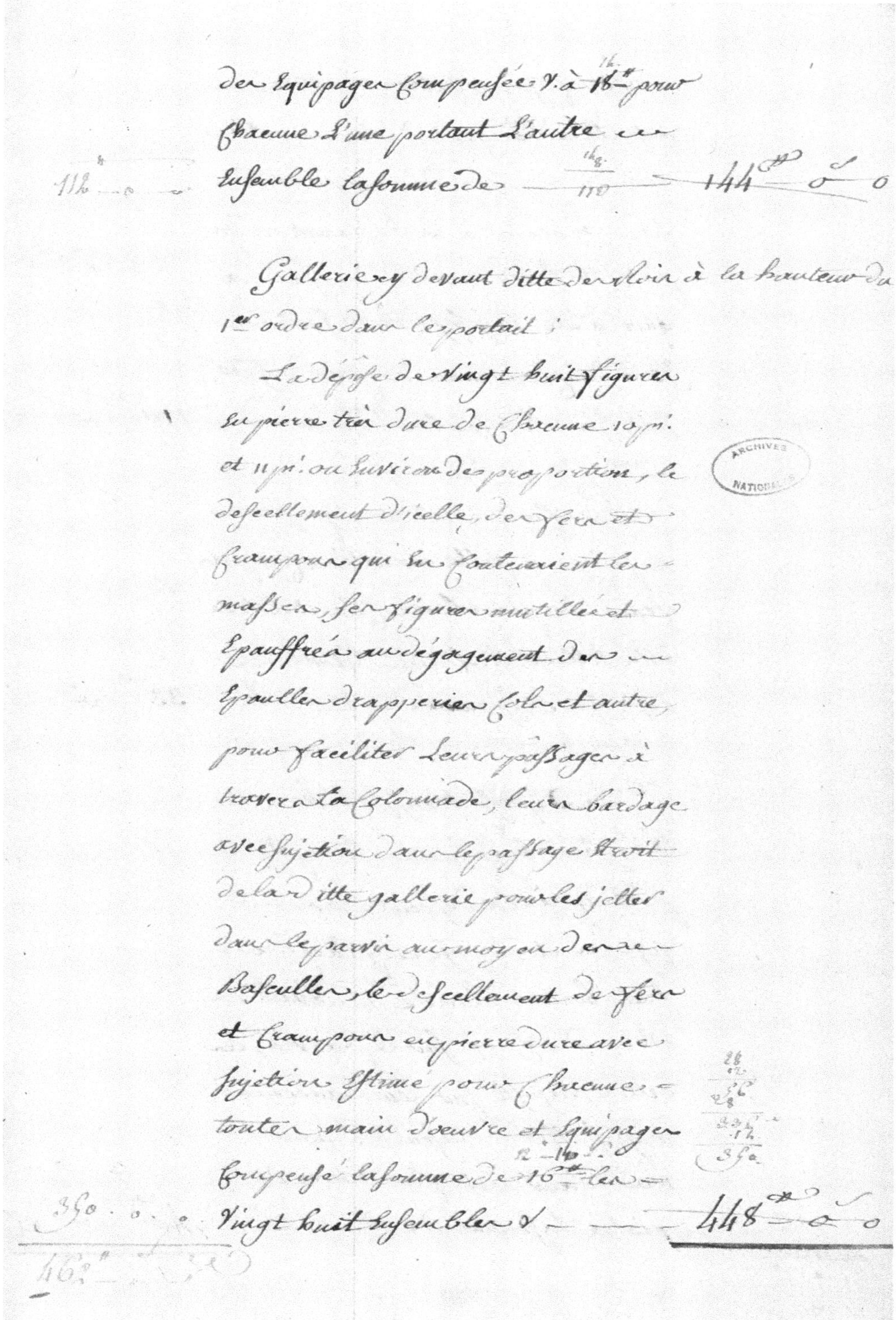
des Equipages compensée 4. à 16# pour
chacune l'une portant l'autre en
112 .. 0 .. 0 ensemble la somme de — 144# 0 0

Gallerie cy devant ditte des Rois à la hauteur du
1er ordre dans le portail ;
La dépose de vingt huit figures
en pierre très dure de chacune 10 pi.
et 11 pi. ou environ des proportion, le
descellement d'icelle, des fers et
crampons qui en soutenoient les
masses, les figures mutillés et
Epauffrés au dégagement des
Epaulles drapperies cols et autres
pour faciliter leurs passages à
travers la colonnade, leurs bardage
avec sujettion dans le passage étroit
de la ditte gallerie pour les jetter
dans le parvis au moyen de deux
Basculles, le descellement de fers
et crampons en pierre dure avec
sujettion Estimé pour chacune
toutes main d'oeuvre et Equipages
compensé la somme de 16# les
350 . 0 . 0 vingt huit ensembles — 448# 0 0
462#

76 Vincent Hantier, *La Façade occidentale et le parvis de Notre-Dame*, 1699

Paris, Bibliothèque nationale de France, Va 419, gr. fol.

La statue de David est la quatorzième depuis le nord, presque au-dessus de l'axe du portail central. Elle est juchée sur un lion, ce qui expliquerait que la taille de la statue et donc de la tête soit légèrement inférieure à celle des autres rois de la galerie.

77 Le 11 novembre 1920, le cercueil du Soldat inconnu est transféré du Panthéon à l'Arc de triomphe, tandis que le cœur de Léon Gambetta est déposé au Panthéon. *L'Album de la guerre 1914-1919*, t. II, Paris, L'Illustration, 1924

Bibliothèque nationale de France

La République et « l'outrage à la religion », de la Révolution de 1789 à la loi Pleven

Jacques de Saint Victor

La Révolution marque une profonde rupture dans la question des délits religieux. Sous l'Ancien Régime, la législation sanctionnait toutes les atteintes aux dogmes et aux cultes à travers le délit de blasphème (outrage à la religion) et de sacrilège (outrage aux édifices et aux objets du culte). Le 26 août 1789, la France adopte la Déclaration des droits de l'homme et du citoyen, qui affirme les grands principes de liberté de conscience et de liberté d'expression, ce qui entraîne, dès le premier code pénal en 1791, l'abolition des délits que l'on appelle alors « imaginaires » : blasphème, sacrilège, sorcellerie, homosexualité, etc. La France devient la première nation où les citoyens sont libres de critiquer les religions, et même de s'en moquer. Après la vague de déchristianisation sous la Terreur, puis la première séparation de l'Église et de l'État en 1795, Bonaparte considère cependant que la Révolution est allée trop loin et tente de renouer des liens avec la religion catholique, qui reste la principale religion des Français. En 1801, le Premier consul signe ainsi avec le pape Pie VII un concordat, c'est-à-dire un traité diplomatique, organisant de nouvelles relations entre le catholicisme et l'État. Mais, sous ce régime dit concordataire, les délits de blasphème et de sacrilège ne sont pas rétablis pour autant (même si l'article 262 du code pénal de 1810, supprimé en 1905, punit toute personne qui aura « outragé les objets d'un culte »). Il faut attendre la Restauration de 1814 pour que la question de l'outrage à la religion se trouve à nouveau posée.

La loi de Serre du 17 mai 1819 sur la liberté de la presse crée un délit d'outrage à la morale publique *et* religieuse qui constitue une reprise, mais de façon détournée, du délit de blasphème. Sous Charles X, en 1825, la législation royale rétablit aussi expressément le délit de sacrilège, condamnant à la peine capitale toute personne profanant des vases sacrés et des hosties consacrées. La loi est cependant rédigée de telle sorte qu'elle a peu de portée pratique – il faut, pour que le coupable soit condamné à mort, que la profanation ait été commise en public – et elle n'a jamais été appliquée (fig. 78). Cette loi, essentiellement symbolique et politique, est abolie dès la révolution de 1830. Il n'en va pas de même des atteintes au dogme religieux, qui continuent à être réprimées par la loi. Malgré la révolution de 1848 et l'évolution des mœurs, certains des plus grands écrivains du XIXe siècle, comme Gustave Flaubert ou Charles Baudelaire, sont ainsi poursuivis sur le fondement de l'outrage à la religion, en particulier sous le Second Empire, qui se montre fort sensible à maintenir un « ordre bourgeois ». Ce délit d'outrage à la religion est toujours en vigueur lorsque la

République est proclamée de façon provisoire en 1870, puis de façon définitive en 1875. Sous la présidence du maréchal de Mac Mahon, le programme d'« Ordre moral » (1873-1877) maintient la loi de 1819 et son délit d'outrage à la morale publique et religieuse, malgré les requêtes des élus républicains. Le 14 avril 1871, lors d'une discussion sur la liberté de la presse, le garde des Sceaux Jules Dufaure, vieux républicain catholique, qualifie cette loi de 1819 de « grande et immortelle ». Il admet pourtant qu'elle a été insuffisante à lutter contre les progrès de l'athéisme, jusqu'à se demander s'il ne vaut pas mieux l'abolir.

Après la démission de Mac Mahon en 1879, les équilibres vont changer en profondeur. Les républicains « opportunistes », comme on les appelle alors, prennent définitivement les rênes du pouvoir et l'abolition du délit d'outrage à la morale religieuse devient une de leurs priorités. Ils veulent tourner le dos à toute influence religieuse dans le domaine politique et créer, avec Jules Ferry, une « humanité sans Dieu et sans roi ».

La loi sur la liberté de la presse : « Dieu se défendra bien tout seul ! »

La loi du 29 juillet 1881 établissant la liberté de la presse va donc mettre définitivement fin au délit d'outrage à la morale publique et religieuse. Ce texte constitue encore de nos jours une des pierres angulaires de l'« esprit des lois de la République ». Mais il est de plus en plus contesté par certaines forces religieuses et associatives qui voudraient revenir au délit d'outrage à la religion, comme ce fut le cas en 1881. Dans la discussion générale de la loi, ouverte à la Chambre le 5 juillet 1881, la question du blasphème est évoquée à demi-mot. Le rapporteur du projet de loi, Eugène Lisbonne, se déclare expressément favorable à la disparition de tous les « délits d'opinion », en particulier celui d'outrage à la morale publique et religieuse prévu par la loi de 1819. Lisbonne avait déjà dénoncé, dans son rapport du 5 juillet 1880, « ces deux prétendues infractions qui existent encore dans nos lois spéciales. Délits d'opinion s'il en fut, délits insaisissables au point de vue de l'intention, délits stériles au point de vue de l'effet qu'ils peuvent produire ». Ces propos rencontrent assez peu d'opposition, sauf de la part du clergé catholique. Quelques mois auparavant, le 14 février 1881, au cours d'une discussion sur les délits contre la chose publique, certains députés de droite avaient protesté

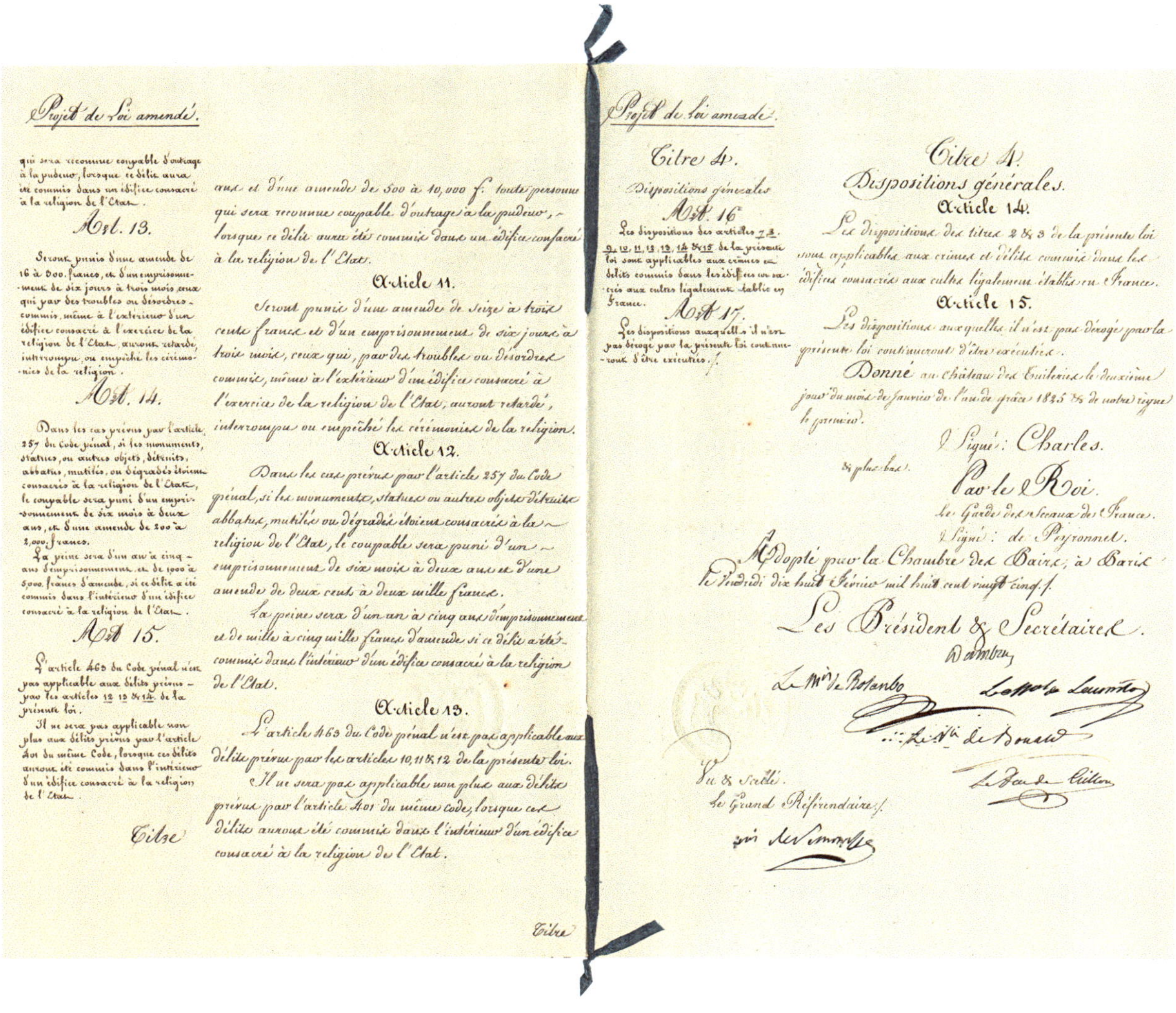

Projet de Loi amendé.

qui sera reconnue coupable d'outrage à la pudeur, lorsque ce délit aura été commis dans un édifice consacré à la religion de l'État.

Art. 13.

Seront punis d'une amende de 16 à 300. francs, et d'un emprisonnement de six jours à trois mois, ceux qui par des troubles ou désordres commis, même à l'extérieur d'un édifice consacré à l'exercice de la religion de l'État, auront retardé, interrompu, ou empêché les cérémonies de la religion.

Art. 14.

Dans les cas prévus par l'article 257 du Code pénal, si les monuments, statues, ou autres objets, détruits, abattus, mutilés, ou dégradés étaient consacrés à la religion de l'État, le coupable sera puni d'un emprisonnement de six mois à deux ans, et d'une amende de 200 à 2,000 francs.

La peine sera d'un an à cinq ans d'emprisonnement et de 1000 à 5,000 francs d'amende, si ce délit a été commis dans l'intérieur d'un édifice consacré à la religion de l'État.

Art. 15.

L'article 463 du Code pénal n'est pas applicable aux délits prévus par les articles 12 13 & 14 de la présente loi.

Il ne sera pas applicable non plus aux délits prévus par l'article 401 du même Code, lorsque ces délits auront été commis dans l'intérieur d'un édifice consacré à la religion de l'État.

Titre

ans et d'une amende de 500 à 10,000 f. toute personne qui sera reconnue coupable d'outrage à la pudeur, lorsque ce délit aura été commis dans un édifice consacré à la religion de l'État.

Article 11.

Seront punis d'une amende de seize à trois cents francs et d'un emprisonnement de six jours à trois mois, ceux qui, par des troubles ou désordres commis, même à l'extérieur d'un édifice consacré à l'exercice de la religion de l'État, auront retardé, interrompu ou empêché les cérémonies de la religion.

Article 12.

Dans les cas prévus par l'article 257 du Code pénal, si les monuments, statues ou autres objets détruits abattus, mutilés ou dégradés étaient consacrés à la religion de l'État, le coupable sera puni d'un emprisonnement de six mois à deux ans et d'une amende de deux cents à deux mille francs.

La peine sera d'un an à cinq ans d'emprisonnement et de mille à cinq mille francs d'amende si ce délit a été commis dans l'intérieur d'un édifice consacré à la religion de l'État.

Article 13.

L'article 463 du Code pénal n'est pas applicable aux délits prévus par les articles 10, 11 & 12 de la présente loi.

Il ne sera pas applicable non plus aux délits prévus par l'article 401 du même code, lorsque ces délits auront été commis dans l'intérieur d'un édifice consacré à la religion de l'État.

Titre

Projet de loi amendé.

Titre 4.

Dispositions générales

Art. 16

Les dispositions des articles 7, 8, 9, 10, 11, 12, 13, 14 & 15 de la présente loi sont applicables aux crimes et délits commis dans les édifices consacrés aux cultes légalement établis en France.

Art. 17.

Les dispositions auxquelles il n'est pas dérogé par la présente loi continueront d'être exécutées.

Titre 4.

Dispositions générales.

Article 14.

Les dispositions des titres 2 & 3 de la présente loi sont applicables aux crimes et délits commis dans les édifices consacrés aux cultes légalement établis en France.

Article 15.

Les dispositions auxquelles il n'est pas dérogé par la présente loi continueront d'être exécutées.

Donné au château des Tuileries le deuxième jour du mois de janvier de l'an de grâce 1825 & de notre règne le premier.

Signé : Charles.

& plus bas.

Par le Roi

Le Garde des Sceaux de France.

Signé : de Peyronnet.

Adopté par la Chambre des Pairs, à Paris le Vendredi dix huit Février mil huit cent vingt cinq.

Les Président & Secrétaires.

Dambray

Le Mis de Rosanbo

Le Mis de Lauriston

Le Mis de Bonnay

Vu & scellé.

Le Grand Référendaire.

78 Minute d'amendement du projet de loi sur le sacrilège, adopté par la Chambre des pairs le 18 février 1825

Archives nationales, Cour des pairs, CC 363, dossier n° 237

La loi sur le sacrilège promulguée en 1825 passe pour le symbole de la réaction religieuse et politique sous le règne de Charles X (1824-1830). En réalité, le projet de loi divise jusqu'aux partisans de la Restauration et du catholicisme. L'amendement de l'article 4, qui restreint le champ d'application de la peine de mort aux seules profanations commises en public, traduit les hésitations de la Chambre des pairs à restaurer un crime aussi manifestement contraire à l'esprit du temps et aux progrès du rationalisme. Le garde des Sceaux lui-même juge bon de préciser que l'objet de cette loi n'est pas de protéger Dieu, car « il n'est en notre puissance ni de blesser ni de venger l'inaltérable dignité de Sa nature et de Son nom », mais la société, « dont les intérêts se confondent avec ceux de la religion », suivant en cela une approche essentiellement utilitariste héritée du siècle précédent.

contre Georges Clemenceau, qui avait déjà demandé, au nom des radicaux, de supprimer le délit d'outrage à la morale religieuse, affirmant qu'il fallait laisser « tout dire, tout critiquer, quelque vive que soit la critique ». La République devait faire, selon lui, le pari de la liberté : « Que catholiques et anticatholiques fassent librement appel à la raison humaine, qu'ils se contredisent en toute liberté. » C'est alors qu'un des plus célèbres orateurs de la droite catholique, Mgr Freppel, évêque et député d'Angers, avait protesté en affirmant qu'il fallait protéger ce qu'il y avait, selon lui, « de plus auguste et de plus sacré dans le monde », c'est-à-dire Dieu. À l'époque, Clemenceau pouvait sèchement lui rétorquer, en mettant les rieurs de son côté : « Dieu se défendra bien lui-même; il n'a pas besoin pour cela de la Chambre des députés ! »

« Ces délits arbitraires, [...] réminiscences du Moyen Âge égarées dans la législation moderne »

Il est intéressant de noter que Mgr Freppel, pour justifier le maintien de ce délit, utilisa l'argument que les Anglo-Saxons désignent aujourd'hui sous le terme de *hate speech*, « discours de haine ». L'évêque affirma en effet, suivant l'adage latin qui sera repris par les Anglais, que «*scribere est agere*» (« écrire, c'est agir »), soulignant avant le philosophe John Austin l'idée d'une « performativité » du langage. À l'époque, ce type d'argumentation de la droite catholique contre la liberté d'opinion ne retient pas l'attention des républicains. Au Sénat, Camille Pelletan se fait le défenseur d'un projet de loi qui « écarte résolument tous ces dangers imaginaires, tous ces délits arbitraires, qui n'étaient que des réminiscences du Moyen Âge égarées dans la législation moderne ». Les deux assemblées finissent par trancher : la loi de 1881 sur la presse abolit définitivement le délit d'outrage à la morale publique et religieuse.

La République instaure ainsi un régime de liberté très ouvert, permettant à chacun de critiquer les religions, même si cette liberté reste encadrée. En effet, si elle met fin à toute censure, la loi de 1881 réglemente ce qu'elle appelle les « délits de presse » : les deux principaux sont l'injure et la diffamation envers les individus. La diffamation est définie comme toute forme d'allégation d'un fait portant atteinte à une personne ou à un corps (par exemple : « tu as volé telle chose »), l'injure comme toute forme de mépris ou d'invective qui ne remporte l'imputation d'aucun fait (par exemple :

« salaud ! »). Ces deux délits se transforment en « offenses » lorsqu'ils visent le président de la République, les chefs d'État étrangers ou les ambassadeurs[1]. En dehors de ces restrictions, la presse et plus largement toute parole ou tout écrit (édition et plus tard Internet) deviennent parfaitement libres en France. Le nouveau régime fixe ainsi pour près d'un siècle les grands principes en matière de liberté d'expression, notamment dans le domaine religieux. La loi distingue entre les idées (la religion) et les personnes (les croyants) : si les croyants ont le droit d'être respectés en tant que tels, leurs idées, en revanche, c'est-à-dire les dogmes et leur représentation, doivent relever du libre débat, voire de la caricature, car, autrement, la liberté d'expression serait vidée de son sens. Karl Marx n'écrit-il pas dans sa *Contribution à la critique de la philosophie du droit de Hegel* (1843) : « La critique de la religion est la condition première de toute critique » ?

« Climat de prêtrophobie »

L'esprit libéral de la loi de 1881 sur la presse finit par rejaillir sur les mœurs. Dans un premier temps, il donne lieu à une profusion de caricatures ouvertement anticléricales dans certains journaux comme *La Calotte*, *L'Assiette au beurre*, *Le Flambeau*, etc., et à des pratiques hostiles à l'Église et au dogme – au point que les autorités catholiques dénoncent un climat de « prêtrophobie[2] ». Cette séquence historique dure *grosso modo* des années 1880 jusqu'au début de la guerre de 1914. La religion est alors attaquée de toute part par les libres penseurs, les radicaux et les tenants de la « science » – il suffit de songer à la *Vie de Jésus* d'Ernest Renan ou aux travaux de Charles Darwin, que les anticléricaux utilisent pour ridiculiser le dogme chrétien – mais aussi par les réformes gouvernementales de « laïcisation » à partir des lois scolaires de 1881. Même si l'Église catholique est la cible principale de ces attaques, aucune religion n'est épargnée (fig. 79). Ainsi, en 1908, un dessin de *La Calotte* représente trois religieux, un catholique, un protestant et un juif, formant une entreprise intitulée « Société anonyme de la bêtise humaine ».

À l'époque, ces caricatures sont supportées, alors même que l'historienne Jacqueline Lalouette a montré qu'elles visaient bel et bien à « blesser les sensibilités » des croyants[3]. L'hebdomadaire franc-comtois *Le Flambeau* affirme ainsi sans ambages dans son numéro du 19 juillet 1903 : « Démolissons par le ridicule et l'odieux les religions ». Le discours

79 František Kupka, dessin de couverture pour *L'Assiette au beurre*, « Religions », nº 162, 7 mai 1904

Paris, musée du Louvre, dépôt du musée d'Orsay, RF52492-recto

Abordant « la question sociale sous ses aspects les plus divers », *L'Assiette au beurre* se distingue des autres revues satiriques par l'ambition de son projet artistique et esthétique. De sensibilité anarchiste ou libertaire, puis essentiellement provocatrice, *L'Assiette au beurre* s'en prend avec une grande violence aux religions aussi bien qu'aux institutions ou encore au féminisme. La revue, lancée en 1901, connaît son heure de gloire durant la première décennie de son existence, avant d'entamer un long déclin. Elle cesse de paraître en 1936.

anticlérical se propage par l'image, plus encore que par des œuvres de l'esprit. Le procédé est même théorisé par un prêtre défroqué, Pierre Des Pilliers, qui, dans un livre publié en 1884, explique pourquoi il faut se concentrer sur le visuel pour concurrencer l'Église sur son propre terrain : car « il est avéré que les cléricaux propagent leurs dogmes, leurs superstitions, leur influence, au moyen de statues, d'images, de dessins [...] propres à frapper l'imagination populaire[4] ». Des feuilles anticléricales reposant sur la caricature parfois la plus violente voient ainsi le jour un peu partout en France et, à partir de 1903, des journaux plus généralistes, comme *La Lanterne* ou *Le Radical*, se mettent à leur tour aux dessins de grand format dénonçant les méfaits de l'Église et son intrusion dans la vie de la Cité. On n'évite ni le salace ni le vulgaire, souvent pour des raisons purement commerciales ; les caricatures représentent des prélats ou des curés affligés d'effroyables disgrâces physiques et souvent comparés à des « cafards » ou à un bestiaire humiliant : porc, serpent, araignée, etc. ; on insiste sur leurs tendances pédophiles. Dans les années 1880, Léo Taxil crée la « Société d'assistance anticléricale » pour aider « les victimes de la lubricité et de la brutalité d'individus ecclésiastiques ». La dénonciation de la luxure des « cléricochons » est un des grands thèmes de cette presse satirique, qui ne se prive pas non plus d'insister sur les épisodes blâmables ou litigieux de l'histoire de l'Église : l'Inquisition médiévale, les missionnaires armés, le soutien à la chouannerie et à la contre-révolution, l'appui à la répression sanglante de la Commune, la haine du socialisme... « Tuons-les par le rire » est la devise de *L'Anticlérical*.

« Notre ennemi ? La femme ! »

Cette phase anticléricale ne se limite pas aux caricatures outrageantes. On voit se multiplier au niveau local des « querelles de clochers » – au sens propre, le curé et le maire se disputant au sujet des carillons et autres « sonnailles » –, sans parler de la multitude d'arrêtés municipaux interdisant la sortie des processions hors des lieux réservés au culte, voire des menaces ou moqueries plus ou moins voilées (le fameux croassement au passage du prêtre ou de la religieuse), des articles virulents, des chansons, des romans anticléricaux[5], etc. À noter le caractère très « genré » de ces pratiques anticléricales : ce sont surtout des hommes qui sont à la manœuvre et on rencontre très peu de femmes parmi les militants de l'anticléricalisme – celles-ci étant, du reste, jugées suspectes d'être plus sensibles à la religion, au point qu'un des célèbres militants de la libre pensée, l'anarchiste André Lorulot, prononcera une conférence (publiée en 1923) au titre éloquent: « Notre ennemi ? La femme ! »

Cet anticléricalisme est relayé au plus haut niveau par les gouvernements successifs. Il serait illusoire d'analyser, comme cela arrive parfois aujourd'hui, la politique de la IIIe République au début du XXe siècle en se limitant au caractère libéral de l'article premier de la loi de séparation de 1905, qui met fin au Concordat de 1801 : l'anticléricalisme est alors bien devenu une sorte de matrice du modèle républicain. Le sommet de cette politique contre le clergé du *Syllabus*[6], lui-même très virulent contre la République, est atteint sous le gouvernement d'Émile Combes (1902-1905). En juillet 1902, celui-ci décrète la fermeture de près de trois mille écoles catholiques, puis rejette en bloc, en mars 1903, les demandes d'autorisation des congrégations : les forces de l'ordre procèdent à l'expulsion des moines et des religieuses de leurs couvents dans des conditions parfois spectaculaires, comme le 29 avril 1903 à la Grande Chartreuse. Avant même la loi de 1905, une circulaire du 1er avril 1904 recommande d'enlever les crucifix des tribunaux et des salles de classe. Une « guerre de religion larvée » risque d'éclater, et cette impression ne tient pas seulement du « chantage à la blessure », que le philosophe Bernard Sève a fort bien distingué de la « blessure légitime[7] » : la « blessure » faite aux convictions est légitime, et partant condamnable, quand elle se fonde sur une contrainte objective. Or, la fermeture des couvents et l'exil des moines constituent des actes répressifs caractérisés, comme la fermeture d'églises ou de synagogues le sera en URSS. À l'occasion des inventaires des biens mobiliers des églises effectués à la suite de la loi de 1905 (fig. 80-81), de nombreux heurts éclatent entre les croyants et les agents chargés de ces recensements à Paris et dans certaines régions de forte tradition catholique (Vendée, Bretagne, Flandres, Pays basque, sud-est du Massif central). La gauche crie aux « petites Vendées » et le gouvernement fait donner la force armée. La tension va croissante jusqu'à ce que l'on déplore un mort, le 6 mars 1906 dans le Nord, ce qui permet à la droite de dénoncer la loi de 1905 comme une « loi du meurtre ». Clemenceau, devenu président du Conseil en octobre 1906, réussit à apaiser les esprits en suspendant les inventaires, affirmant ne pas vouloir risquer la vie d'un homme pour « compter les chandeliers d'une église ».

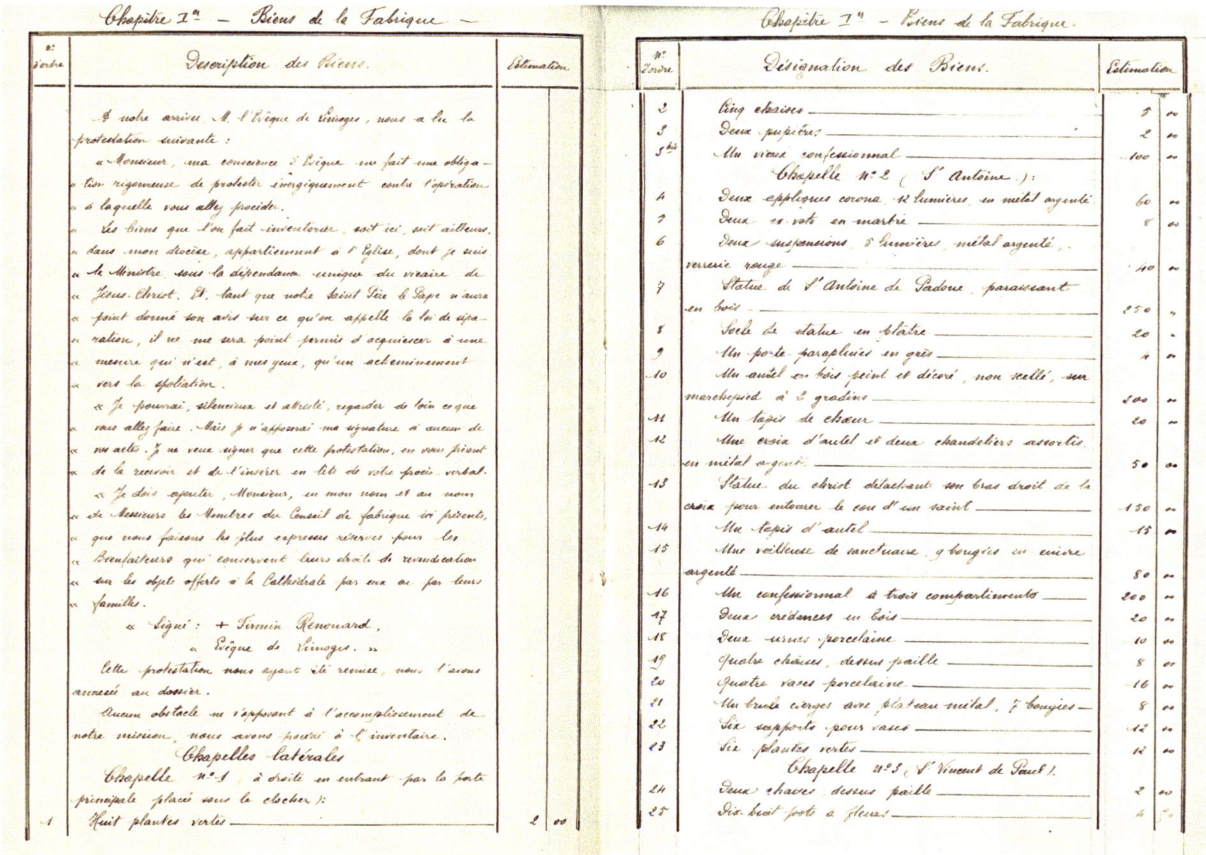

Chapitre Ier — Biens de la Fabrique —

N° d'ordre	Description des Biens.	Estimation	
	A notre arrivée M. l'Évêque de Limoges, nous a lu la protestation suivante :		
	« Monsieur, ma conscience d'Évêque me fait une obligation rigoureuse de protester énergiquement contre l'opération à laquelle vous allez procéder.		
	« Les biens que l'on fait inventorier, soit ici, soit ailleurs, dans mon diocèse, appartiennent à l'Église, dont je suis le Ministre sous la dépendance unique du vicaire de Jésus-Christ. Et, tant que notre Saint Père le Pape n'aura point donné son avis sur ce qu'on appelle la loi de séparation, il ne me sera point permis d'acquiescer à une mesure qui n'est, à mes yeux, qu'un acheminement vers la spoliation.		
	« Je pourrai, silencieux et attristé, regarder de loin ce que vous allez faire. Mais je n'apposerai ma signature à aucun de vos actes. Je ne veux signer que cette protestation, en vous priant de la recevoir et de l'insérer en tête de votre procès-verbal.		
	« Je dois ajouter, Monsieur, en mon nom et au nom de Messieurs les Membres du Conseil de fabrique ici présents, que nous faisons les plus expresses réserves pour les Bienfaiteurs qui conservent leurs droits de revendication sur les objets offerts à la Cathédrale par eux ou par leurs familles.		
	« Signé : + Firmin Renouard, « Évêque de Limoges. »		
	Cette protestation nous ayant été remise, nous l'avons annexée au dossier.		
	Aucun obstacle ne s'opposant à l'accomplissement de notre mission, nous avons procédé à l'inventaire.		
	Chapelles latérales		
	Chapelle n° 1, à droite en entrant par la porte principale placée sous le clocher) :		
1	Huit plantes vertes	2	00

Chapitre Ier — Biens de la Fabrique.

N° d'ordre	Désignation des Biens.	Estimation	
2	Cinq chaises	5	00
3	Deux pupitres	2	00
3 bis	Un vieux confessionnal	100	00
	Chapelle n° 2 (St Antoine) :		
4	Deux appliques corona, 12 lumières, en métal argenté	60	00
5	Deux ex-voto en marbre	8	00
6	Deux suspensions, 5 lumières, métal argenté, verrerie rouge	40	00
7	Statue de St Antoine de Padoue, paraissant en bois	250	00
8	Socle de statue en plâtre	20	00
9	Un porte-parapluies en grès	4	00
10	Un autel en bois peint et décoré, non scellé, sur marchepied à 2 gradins	500	00
11	Un tapis de chœur	20	00
12	Une croix d'autel et deux chandeliers assortis en métal argenté	50	00
13	Statue du christ détachant son bras droit de la croix pour entourer le cou d'un saint	150	00
14	Un tapis d'autel	15	00
15	Une veilleuse de sanctuaire, 9 bougies en cuivre argenté	80	00
16	Un confessionnal à trois compartiments	200	00
17	Deux crédences en bois	20	00
18	Deux urnes porcelaine	10	00
19	Quatre chaises, dessus paille	8	00
20	Quatre vases porcelaine	16	00
21	Un brûle cierges avec plateau métal, 7 bougies	8	00
22	Six supports pour vases	12	00
23	Six plantes vertes	12	00
	Chapelle n° 3 (St Vincent de Paul)		
24	Deux chaises dessus paille	2	00
25	Dix-huit pots à fleurs	4	50

80 Procès-verbal de l'inventaire du mobilier de la cathédrale de Limoges, 1906

Charenton, Médiathèque de l'architecture et de la photographie, 80/7/3

À la suite de la loi de 1905, le gouvernement ordonne de dresser l'inventaire de tous les biens mobiliers qui doivent être dévolus aux « associations cultuelles » appelées à succéder aux très anciennes institutions de l'Église catholique chargées de la gestion financière des établissements de culte (fabriques, menses, séminaires, etc.).

Au début de l'année 1906, les opérations d'inventaire se heurtent aux protestations des fidèles et des desservants, ou donnent lieu à de violentes manifestations dans des milliers de lieux de culte. La « crise des inventaires » contribue ainsi à fracturer la société française, déjà ébranlée par l'affaire Dreyfus.

Le pari gagnant de la liberté sur la censure

Passé la Première Guerre mondiale et la « solidarité des tranchées » entre *ceux qui croyaient au ciel et ceux qui n'y croyaient pas*, l'offensive anticléricale connaît un net recul[8]. Les historiens de la laïcité le reconnaissent volontiers : à partir de 1914, la débauche d'images satiriques qui avait accompagné la discussion autour de la loi de 1905 faiblit au fil des années. L'anticléricalisme semble dépassé[9]. Même si elle continue à marquer l'ADN d'une bonne partie de la gauche (notamment au sujet de la question scolaire), cette *forma mentis* se limite dans sa version militante à des franges toujours plus marginales. Plusieurs facteurs ont contribué à apaiser cette logique d'affrontement. C'est d'abord le pari gagnant de la liberté sur celui de la censure : il finit par faire pencher la balance dans le camp de la modération. Même à l'époque de Vichy, le délit de blasphème n'est pas rétabli. À la fin de l'Occupation, la liberté finit par l'emporter. Certaines tensions peuvent certes toujours éclater, comme, en 1966, à propos de l'affaire du film *La Religieuse*, de Jacques Rivette : à la suite d'une lettre de protestation adressée au général de Gaulle par l'archevêque de Paris, le cardinal Feltin, le film est interdit par le gouvernement. Mais, au fond, cette affaire est une bonne illustration de l'évolution des esprits, même avant Mai 68 : le public se mobilise contre la censure – avec une pétition signée y compris par des gens de droite, comme le colonel Rémy – et l'œuvre sera finalement diffusée en juillet 1967 (fig. 82-83).

Par ailleurs, la question sociale marginalise petit à petit la question religieuse, surtout après la révolution bolchevique de 1917 : les marxistes et les socialistes (dans la tradition jaurésienne) sont moins motivés que les radicaux pour alimenter l'offensive anticléricale, la religion étant tout à la fois « l'opium du peuple » et « le soupir de la créature accablée ». À partir des années 1930, l'expansion d'un discours raciste, notamment antisémite, recentre les préoccupations du gouvernement. La législation de 1881 sur la liberté d'expression n'y semble guère adaptée. Le pouvoir prépare alors un texte, le fameux décret-loi du 21 avril 1939, dit décret Marchandeau, pour interdire les discours « excitant à la haine » en raison de la race. Mais ce décret ne trouvera pas à s'appliquer puisque Vichy adoptera très vite une législation antisémite.

81 Cartes postales tirées d'une série documentant l'inventaire du mobilier de 'église de Carentan (Manche), 7 mars 1906 : « Les soldats défoncent la porte à la hache » ; « La porte est fracturée »

Archives départementales de la Manche, 6 Fi 99-447 et 6 Fi 99-449

82 René Ferracci, affiche du film de Jacques Rivette *Suzanne Simonin, la religieuse de Diderot*, 1967

Cinémathèque française, A055-030

Le film est une adaptation d'un roman de Denis Diderot, charge très violente contre la vie monastique et les usages sociaux de son temps, écrit vers 1780. Fille illégitime, Suzanne Simonin est mise au couvent par ses parents contre son gré. Elle y est persécutée par deux mères supérieures successives, dont l'une aux penchants homosexuels refoulés.

Le projet de film de Jacques Rivette est dénoncé par les autorités catholiques avant même son tournage. Le 2 décembre 1965, trois jours avant le premier tour de l'élection présidentielle, le ministre de l'Information, Alain Peyrefitte, laisse entendre qu'il interdira le film s'il porte « atteinte à l'honneur et à la considération des religieuses françaises ».

La loi Pleven de 1972
et le retour de la « blessure » aux convictions

Avec la découverte de l'horreur de la Shoah, l'après-guerre porte un coup d'arrêt aux discours de haine, qui reprendront cependant dans un contexte désormais plus global (décolonisation, conflit israélo-palestinien, etc.). Ainsi, c'est la transposition en droit français d'une convention internationale du 21 décembre 1965, prise dans le cadre de la lutte contre le racisme, qui donne naissance à la loi Pleven du 1er juillet 1972. Ce texte, adopté au Parlement à l'unanimité, crée un nouveau délit de « provocation à la discrimination, à la haine ou à la violence » commise envers des individus « à raison de leur appartenance ou de leur non-appartenance à une ethnie, une nation, une race *ou une religion déterminée*[10] ». L'intention est bonne car il faut combattre les violences racistes dont sont alors victimes certains travailleurs immigrés (ratonnades, par exemple), mais le législateur français va plus loin que la convention de 1965, qui ne vise que « la provocation à des actes de violence ». En effet, le texte français sanctionne aussi la « provocation *à la haine* », ce qui est évidemment bien plus subjectif et frise le délit d'opinion. Le législateur reprend ainsi les réflexions sur le caractère performatif du langage et considère, comme Mgr Freppel en 1881, que le discours de haine doit être réprimé au même titre que la violence physique: « Certains propos sont des délits et non des opinions. » La législation européenne reprend cette analyse alors qu'aux États-Unis, au contraire, la plupart des philosophes du droit se sont rangés derrière Ronald Dworkin pour la refuser vivement en la jugeant contraire à l'esprit même de la Constitution américaine. Pour Dworkin, la liberté est un droit si essentiel qu'il faut « tolérer en son nom des discours méprisables ou nuisibles ». Ce droit précieux ne doit pas céder, selon lui, devant le moindre jugement arbitraire. En effet, le maniement de la notion de « haine » est toujours délicat en droit. L'incrimination du « discours de haine » n'a-t-elle pas été utilisée par les forces conservatrices pour censurer, dans la France du XIXe siècle, tout programme socialiste de « lutte des classes[11] » ? L'enfer juridique est souvent pavé de bonnes intentions.

C'est ainsi qu'à partir du début des années 1980 commencent à se multiplier les actions en justice visant à incriminer la « blessure » faite aux convictions intimes, notamment religieuses, au nom de cette lutte contre le discours de haine. Avant les associations musulmanes, ce sont des

H. de S. /RD

23 - mars 1966

n°53

Monsieur le Ministre,

La Commission de Contrôle des films cinématographiques a examiné au cours de sa séance en date du 22 mars 1966, le film intitulé SUZANNE SIMONIN, La Religieuse de Diderot.

Après une discussion au cours de laquelle les diverses opinions se sont exprimées, la Commission croit devoir vous proposer une interdiction aux moins de 18 ans en raison du caractère équivoque de certaines scènes qui ne lui ont pas paru devoir être présentées impunément à de jeunes adolescents.

D'autre part, si l'on se réfère aux critères habituels qui inspirent ses décisions, la Commission n'a pas cru devoir formuler un avis tendant à une interdiction totale.

Mais le film, s'il ne comporte pas d'attaque contre le principe de l'institution monastique, relate un fait divers, à vrai dire peu plaisant et qui de ce fait risque, malgré la délicatesse avec laquelle il a été traité et le souci de mettre en évidence le décalage du temps, d'offenser la sensibilité d'un large public. Aussi ai-je le devoir de signaler qu'il peut donner lieu à des protestations.

Compte tenu des réactions qui se sont fait jour à la seule annonce du film, avant que celui-ci n'ait été achevé et "visionné", réactions dont la Commission dans son devoir d'indépendance n'a pas à connaître, mais qui créent néanmoins une situation exceptionnelle, il a semblé à une large majorité aux

Monsieur Yvon BOURGES
Secrétaire d'Etat auprès
du Premier Ministre, chargé
de l'Information.
69, rue de Varenne
Paris 7ème

.../.

2.-

censeurs que l'appréciation de cette situation échappait à leur compétence et qu'il appartenait au Ministre mieux éclairé sur la nature et la portée de troubles éventuels de prendre sa décision.

Veuillez agréer, Monsieur le Ministre, l'assurance de ma plus haute considération.

Henry de SEGOGNE

83 Lettre du président de la commission de contrôle des films cinématographiques au secrétaire d'État à l'Information Yvon Bourges à propos du film *La Religieuse*, 23 mars 1966

Archives nationales, Services du Premier ministre, sous-direction de l'audiovisuel et de l'action extérieure, 19870373/26

La commission de contrôle des films, malgré la pression du gouvernement, se refuse à recommander une interdiction totale, tout en soulignant le risque de troubles que pourrait provoquer sa diffusion, « susceptible d'offenser la sensibilité d'un large public ». Le gouvernement passe outre l'avis de la commission et interdit le film. À l'issue d'une campagne de presse virulente et d'un vif débat public, la projection de *La Religieuse* est finalement autorisée en 1967 (avec interdiction aux mineurs de moins de dix-huit ans), après que le tribunal administratif a annulé l'interdiction. Cette affaire marque le discrédit profond de la censure auprès de la plus grande partie de l'opinion, y compris conservatrice, avant même Mai 68.

Ce 29 SEPTEMBRE 88

Monsieur le Ministre,

Après beaucoup d'autres ,je me permets de vous dire mon indignation concernant le Film " La dernière tentation du Christ"

Le Christ est vivant aujourd'hui et Il n'est pas celui que le film représente

Les chrétiens ont le droit d'exister ;un père de famille a le droit de transmettre sa Foi à ses enfants sans la voir bafouer . La liberté que vous invoquez, est celle de ceux qui méprisent et qui salissent .Pourquoi refuser la liberté aux vendeurs de drogues ou à ceux qui violent. Le Christ nous plus cher que les cathédrales ou tout autre patrimoine .

Les Evêques ont parlé. Ils sont compétents en ce domaine plus que tout autre. Ils ont la charge d'avertir leurs fidèles . Pourquoi les médias se perment-ils de jeter le discrédit sur leur démarche? Serait-ce le rôle de "LA CULTURE" d'éveiller la méfiance de l'élève devant son Professeur, de cultiver la méfiance de l'enfant par rapport à ses parents?

Ce n'est pas le lieu de refaire une analyse de ce film. La presse l'a fait par ailleurs. De plus, cette lettre ira à la poubelle avec tout ce qui vient des "sans-voix, des sans pouvoir " .C'est le procédé utilisé ,en France comme ailleurs ,pour ceux que l'on a décidé d'écraser.

Agréez,je vous prie, Monsieur le Ministre , l'expression de mes salutations distinguées.

Un chrétien qui souffre.

84 Lettre d'un « chrétien qui souffre » adressée à Jack Lang, ministre de la Culture, à l'occasion de la sortie du film *La Dernière Tentation du Christ*, de Martin Scorsese, 1988

Archives nationales, Centre national du cinéma, 20080010/40

Les protestations contre le film du réalisateur américain Martin Scorsese visent d'une part son contenu, contraire aux Évangiles, d'autre part la subvention accordée aux producteurs par le ministère de la Culture – qui renonce finalement à la verser. La sortie du film, en 1988, est émaillée de nombreux incidents et de plusieurs incendies criminels de salles de cinéma.

associations catholiques intégristes qui se réclament de la loi Pleven pour tenter de faire censurer des films ou des publicités. La justice a hésité à prendre en considération leurs requêtes, mais certaines cours l'ont fait, comme le tribunal de grande instance de Paris, qui a admis en 1984 que l'affiche du film *Ave Maria*, de Jacques Richard, pouvait constituer une « intrusion agressive et gratuite dans le tréfonds intime des croyances ». C'était la porte ouverte au retour du délit d'outrage à la religion. Pour éviter tout « chantage à la blessure », la Cour de cassation rétablit cependant en 2000 la primauté de l'esprit de la loi de 1881, estimant licite toute représentation caricaturale pourvu qu'elle ne soit ni injurieuse ni diffamatoire pour les personnes, ce qui autorise les moqueries à l'égard des religions. Mais certains pratiquants peu enclins à ces évolutions n'entendent pas renoncer, surtout depuis quelques années, à agir en justice pour faire sanctionner ce qu'ils estiment être des « blessures » à leur foi. La France républicaine se retrouve ainsi devant un étrange paradoxe : elle est la première nation d'Europe à avoir aboli le délit d'outrage à la religion et l'une de celles où la pression pour son rétablissement est la plus forte. Les juges ne risquent-ils pas d'être un jour dépassés par les mœurs ?

1
Voir dans le présent ouvrage Jacques de Saint Victor, « Le pouvoir et le sacré après la Révolution », p. 112-113.

2
Guillaume Doizy et Jean-Bernard Lalaux, *À bas la calotte! La caricature anticléricale et la séparation des Églises et de l'État*, Paris, Alternatives, 2005, p. 16.

3
Jacqueline Lalouette, *La République anticléricale, XIXe-XXe siècles*, Paris, Seuil, 2002, p. 380 et suiv.

4
Pierre Des Pilliers, *Du cléricalisme et des moyens de le terrasser*, Lons-le-Saunier, C. Verpillat, 1884, p. 45.

5
J. Lalouette, *La République anticléricale...*, *op. cit.*, p. 391.

6
Le *Syllabus* de Pie IX, publié en 1864, énumère sur un ton intransigeant les erreurs du monde moderne.

7
Sur tous ces points, voir notre livre *Blasphème. Brève histoire d'un «crime imaginaire»*, Paris, Gallimard, 2016.

8
Sauf à l'époque du Cartel des gauches, en 1924-1925, où la querelle religieuse faillit à nouveau éclater avec le projet d'étendre la loi de 1905 aux départements d'Alsace-Moselle, qui conservent alors encore un concordat et surtout le délit de blasphème. Mais le gouvernement renonce devant l'offensive des Fédérations catholiques du général de Castelnau – ce qui explique le régime spécifique des cultes encore en vigueur aujourd'hui en Alsace-Moselle.

9
G. Doizy et J.-B. Lalaux, *À bas la calotte...*, *op. cit.*, p. 146.

10
Nous soulignons.

11
Ainsi, la loi du 9 septembre 1835 punissait la « provocation à la haine entre les diverses classes » et le décret du 12 août 1848 pourchassait tout discours ayant « cherché à troubler la paix publique en excitant le mépris et la haine des citoyens les uns contre les autres ».

Dieu se défendra
bien lui-même ;
il n'a pas besoin
pour cela de la
Chambre des députés !

Georges Clemenceau, 1er février 1881

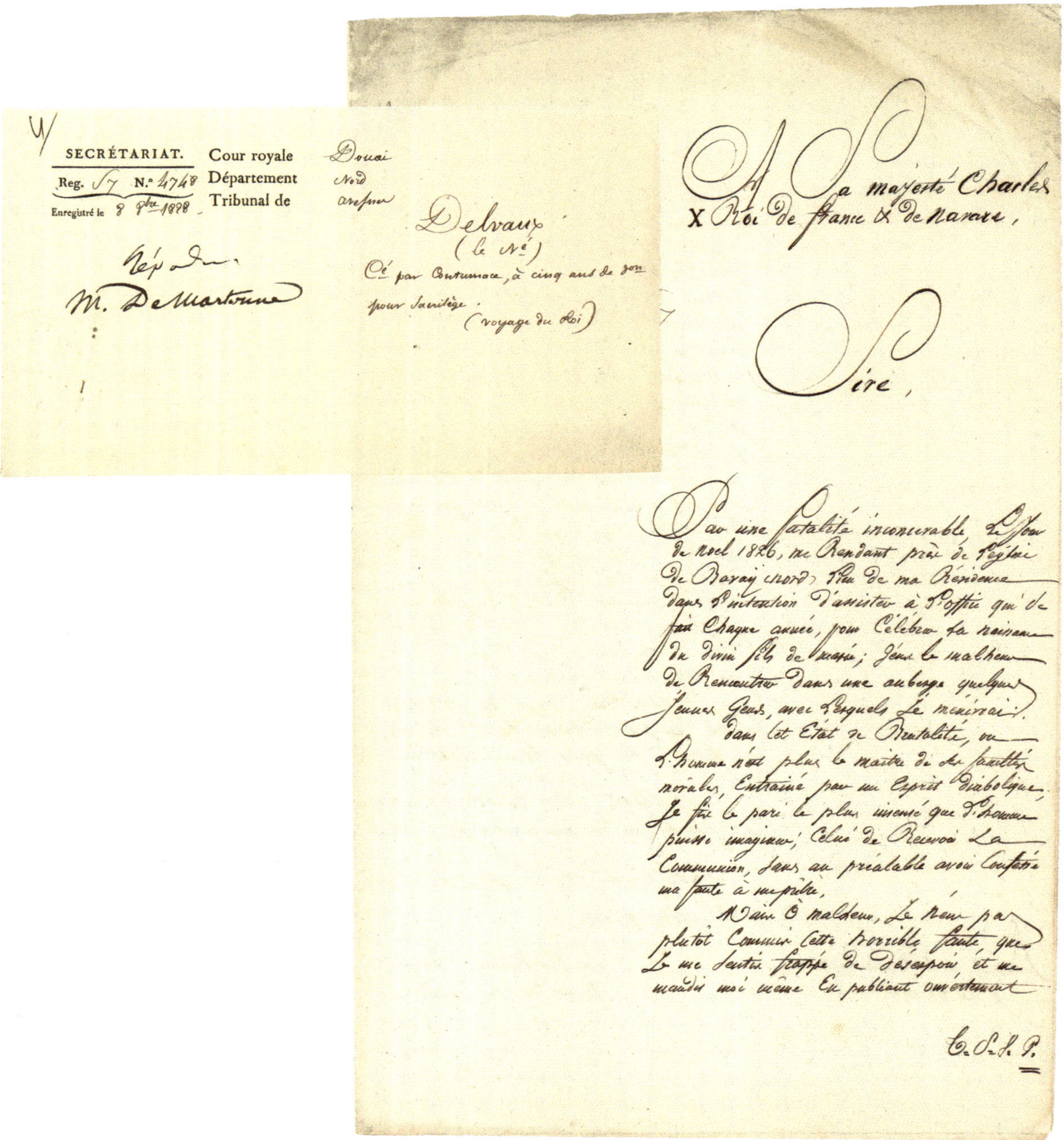
SECRÉTARIAT. Reg. S7 N.° 4748 Enregistré le 8 9bre 1828

Cour royale Douai
Département Nord
Tribunal de Avesnes

Delvaux (le Nd)
Cé par Contumace, à cinq ans de pon pour sacrilège (voyage du Roi)

Répondu.
M. DeMartaine

A Sa majesté Charles X Roi de France & de Navarre,

Sire,

Par une fatalité inconcevable le jour de Noel 1826, me rendant près de l'église de Bavay (nord) lieu de ma résidence dans l'intention d'assister à l'office qui se fait chaque année, pour célébrer la naissance du divin fils de marie ; j'eus le malheur de rencontrer dans une auberge quelques jeunes gens, avec lesquels je m'enivrai :
dans cet état de brutalité, où l'homme n'est plus le maître de ses facultés morales, entraîné par un esprit diabolique, je fis le pari le plus insensé que l'homme puisse imaginer ; celui de recevoir la communion, sans au préalable avoir confessé ma faute à un prêtre,
Mais ô malheur, je n'eus pas plutôt commis cette horrible faute, que je me sentis frappé de désespoir et me maudis moi même en publiant ouvertement

T. S. V. P.

85 Dossier de recours en grâce pour un individu condamné à cinq ans de prison par contumace pour avoir communié en état d'ivresse, sans s'être confessé au préalable, à la suite d'un pari avec ses amis, à Bavay (Nord), le 25 décembre 1826

Archives nationales, ministère de la Justice, bureau des grâces, BB/24/64-84, dossier S.7, n° 4748

86 Fichier des ecclésiastiques : fiche au nom de Félix Bodinier, vers 1880

Archives nationales, ministère de l'Intérieur, direction des cultes, F/19/6555

Au temps du Concordat (1801-1905), les clercs, rémunérés par l'État, sont étroitement contrôlés par le gouvernement, y compris après l'avènement de la IIIe République, qui veille à ce qu'ils ne s'opposent pas ouvertement au nouveau régime et fassent prier pour son salut (*Domine salvam fac Rem Publicam*).

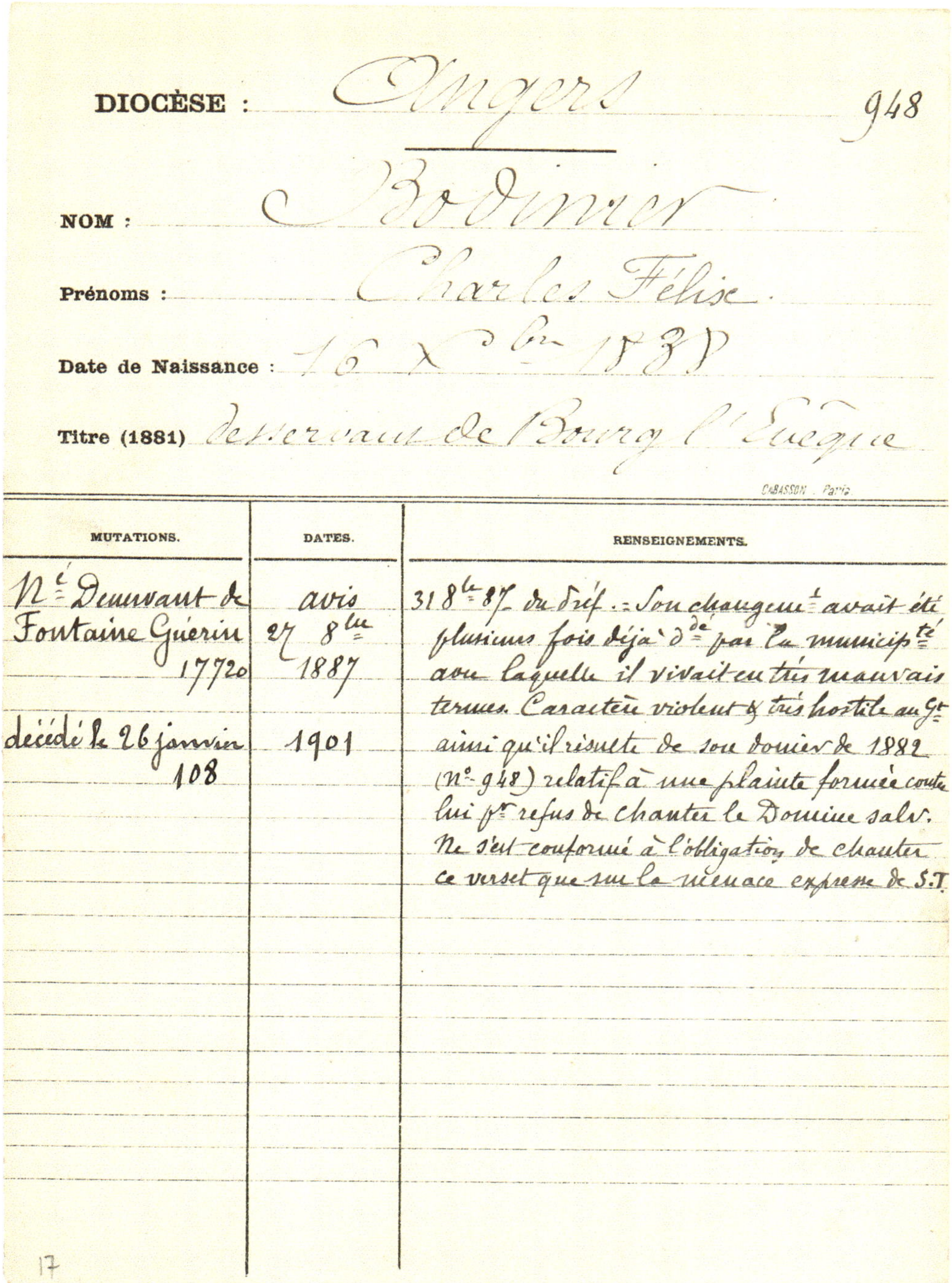

DIOCÈSE : Angers 948

NOM : Bodinier

Prénoms : Charles Félise

Date de Naissance : 16 Xbre 1838

Titre (1881) desservant de Bourg l'Évêque

CABASSON. Paris.

MUTATIONS.	DATES.	RENSEIGNEMENTS.
Né Desservant de Fontaine Guérin 17720	avis 27 8bre 1887	31 8bre 87 du Préf. : Son changemt avait été plusieurs fois déjà dde par la municipté avec laquelle il vivait en très mauvais termes. Caractère violent & très hostile au Gt ainsi qu'il résulte de son dossier de 1882 (N° 948) relatif à une plainte formée contre lui pr refus de chanter le Domine salv. Ne s'est conformé à l'obligation de chanter ce verset que sur la menace expresse de S.T.
décédé le 26 janvier 108	1901	

17

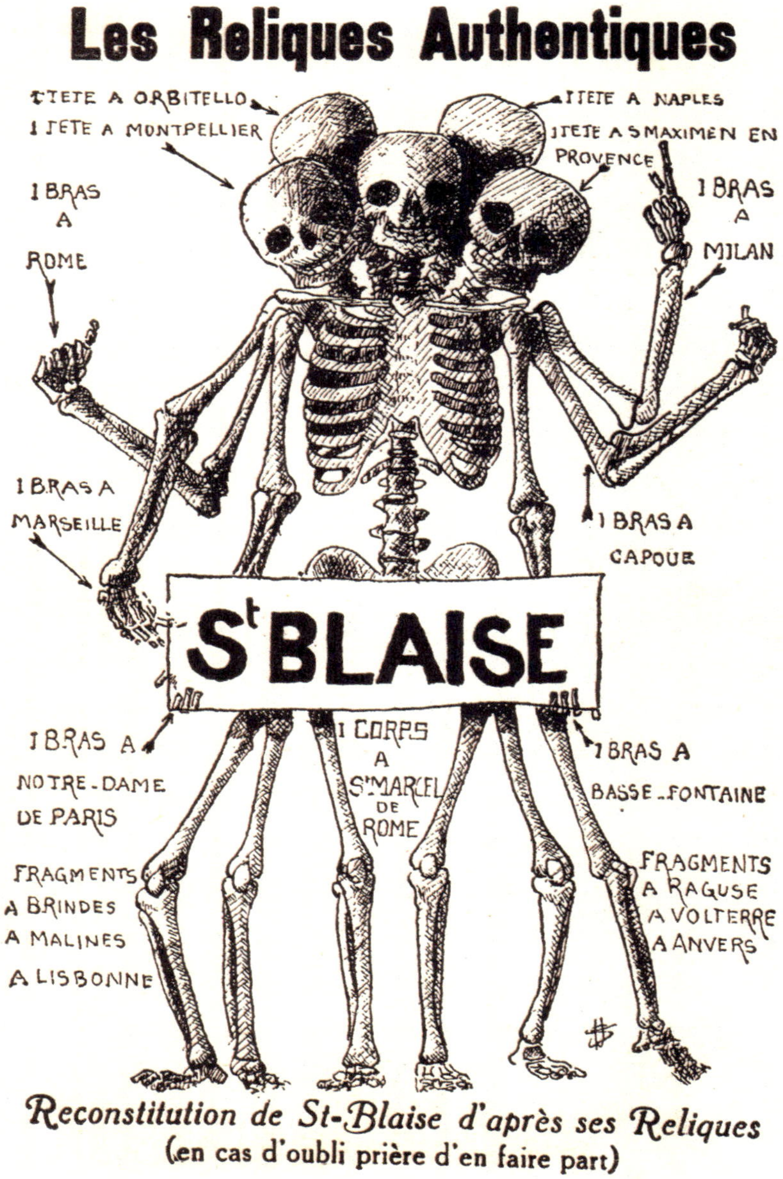

87 « Les reliques authentiques de saint Blaise », carte postale éditée par le journal *La Calotte*, [1979]

88 Œil de Léon Gambetta

Cahors, musée Henri Martin, Ca 5.115

À l'âge de huit ans, Léon Gambetta (1838-1882) est victime d'un accident chez un coutelier. Grièvement blessé à l'œil droit, il le conserve malgré tout jusqu'en 1867, lorsqu'à la suite d'une inflammation il faut l'énucléer d'urgence. Gambetta porte ensuite une prothèse en verre, fréquemment caricaturée par ses adversaires politiques. Peu après son ablation, l'œil malade est confié à un professeur de médecine russe pour un examen au microscope. Le médecin ayant procédé à l'énucléation lui aurait dit : « Voici une pièce à laquelle je tiens beaucoup ; c'est un œil qui provient d'un homme appelé, j'en suis sûr, à jouer un rôle des plus importants ; prenez-en, je vous prie, le plus grand soin. » Il s'agirait donc à la fois d'une pièce destinée à une collection d'étude anatomique et d'une sorte de relique par anticipation.

89 Mademoiselle Denizart, *La Chambre mortuaire de Gambetta dans sa villa des Jardies*, 1900 (d'après Jean-Charles Cazin, 1883)

Paris, musée Carnavalet – Histoire de Paris, P 97

La mort en 1882 de Léon Gambetta, le plus charismatique des hommes politiques républicains, héros de la guerre de 1870-1871, se traduit par une canonisation laïque presque instantanée. Dès le premier anniversaire de sa mort, ses amis et partisans organisent un « pieux pèlerinage » dans sa villa des Jardies, à Sèvres (Hauts-de-Seine), renouvelé chaque année jusqu'à la Première Guerre mondiale. Le transfert de son cœur au Panthéon le 11 novembre 1920, couplé à l'inhumation du Soldat inconnu sous l'Arc de triomphe, fait l'objet d'une grandiose liturgie civique.

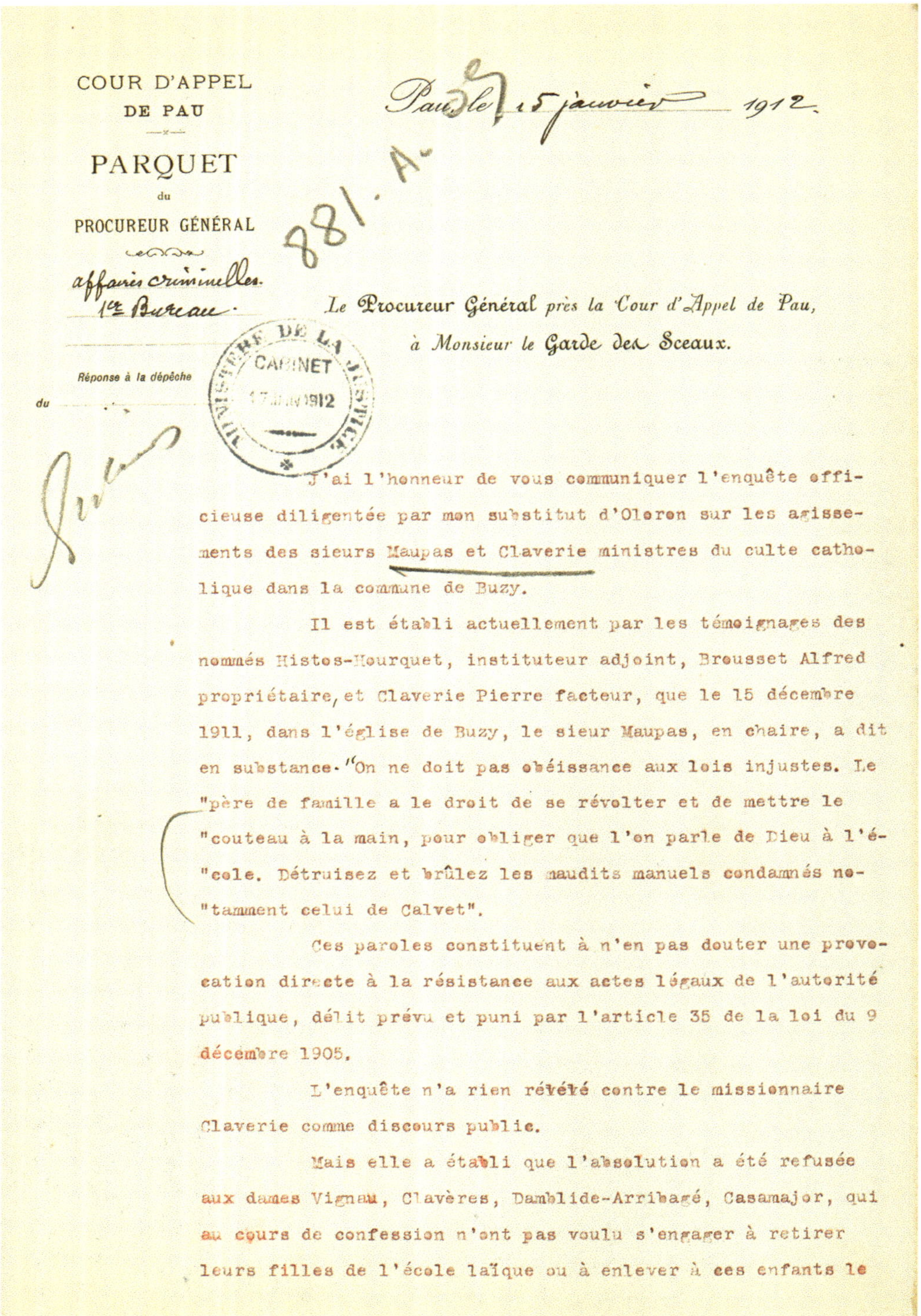

COUR D'APPEL
DE PAU

PARQUET
du
PROCUREUR GÉNÉRAL

affaires criminelles
1er Bureau

Pau, le 15 janvier 1912

881. A.

Le Procureur Général près la Cour d'Appel de Pau,
à Monsieur le Garde des Sceaux.

MINISTÈRE DE LA JUSTICE
CABINET
17 JANV 1912

Réponse à la dépêche
du

J'ai l'honneur de vous communiquer l'enquête officieuse diligentée par mon substitut d'Oloron sur les agissements des sieurs Maupas et Claverie ministres du culte catholique dans la commune de Buzy.

Il est établi actuellement par les témoignages des nommés Histos-Hourquet, instituteur adjoint, Brousset Alfred propriétaire, et Claverie Pierre facteur, que le 15 décembre 1911, dans l'église de Buzy, le sieur Maupas, en chaire, a dit en substance. "On ne doit pas obéissance aux lois injustes. Le "père de famille a le droit de se révolter et de mettre le "couteau à la main, pour obliger que l'on parle de Dieu à l'é-"cole. Détruisez et brûlez les maudits manuels condamnés no-"tamment celui de Calvet".

Ces paroles constituent à n'en pas douter une provocation directe à la résistance aux actes légaux de l'autorité publique, délit prévu et puni par l'article 35 de la loi du 9 décembre 1905.

L'enquête n'a rien révélé contre le missionnaire Claverie comme discours public.

Mais elle a établi que l'absolution a été refusée aux dames Vignau, Clavères, Damblide-Arribagé, Casamajor, qui au cours de confession n'ont pas voulu s'engager à retirer leurs filles de l'école laïque ou à enlever à ces enfants le

90 Lettre du procureur général près la cour d'appel de Pau au garde des Sceaux, 15 janvier 1912

Archives nationales, ministère de la Justice, correspondance de la division criminelle, BB/18/2307/2, dossier 881A05

Le procureur général demande que soit poursuivi, au titre de la loi de 1905, le curé de Buzy (Pyrénées-Atlantiques) pour avoir déclaré en chaire : « Le père de famille a le droit de se révolter et de mettre le couteau à la main pour obliger que l'on parle de Dieu à l'école. Détruisez et brûlez les maudits manuels condamnés, notamment celui de Calvet. »

——— manuel de Calvet. La dame Clavères affirme que c'est le sieur Claverie qui s'est ainsi comporté à son égard, mais les autres témoins donnent seulement le signalement du prêtre, sans indiquer son nom.

Ces divers faits ne paraissent pas, à défaut de publicité constituer une infraction à la loi de 1905 et j'estime que le premier fait imputable au sieur Maupas doit seul être retenu.

J'ai l'honneur d'émettre l'avis qu'il convient d'exercer des poursuites contre le sieur Maupas, par voie de citation directe, pour infraction à l'article 35 de la loi du 9 décembre 1905, et j'ai l'honneur de solliciter vos instructions sur le point de savoir si vous approuvez cette manière de voir

Le Procureur Général.

91 *Histoire de France, depuis les origines jusqu'à nos jours. Cours moyen des écoles primaires*, de J. Guiot et Fr. Mane, Paris, E. Delaplane, 1912

Archives nationales, Bibliothèque historique, PBR 734

Les manuels d'histoire recommandés pour les écoles laïques concentrent les critiques de l'Église en raison du regard qu'ils portent sur l'Ancien Régime, la Révolution et le nouveau régime républicain, « gouvernement définitif » de la France, dans une perspective finaliste de l'histoire.

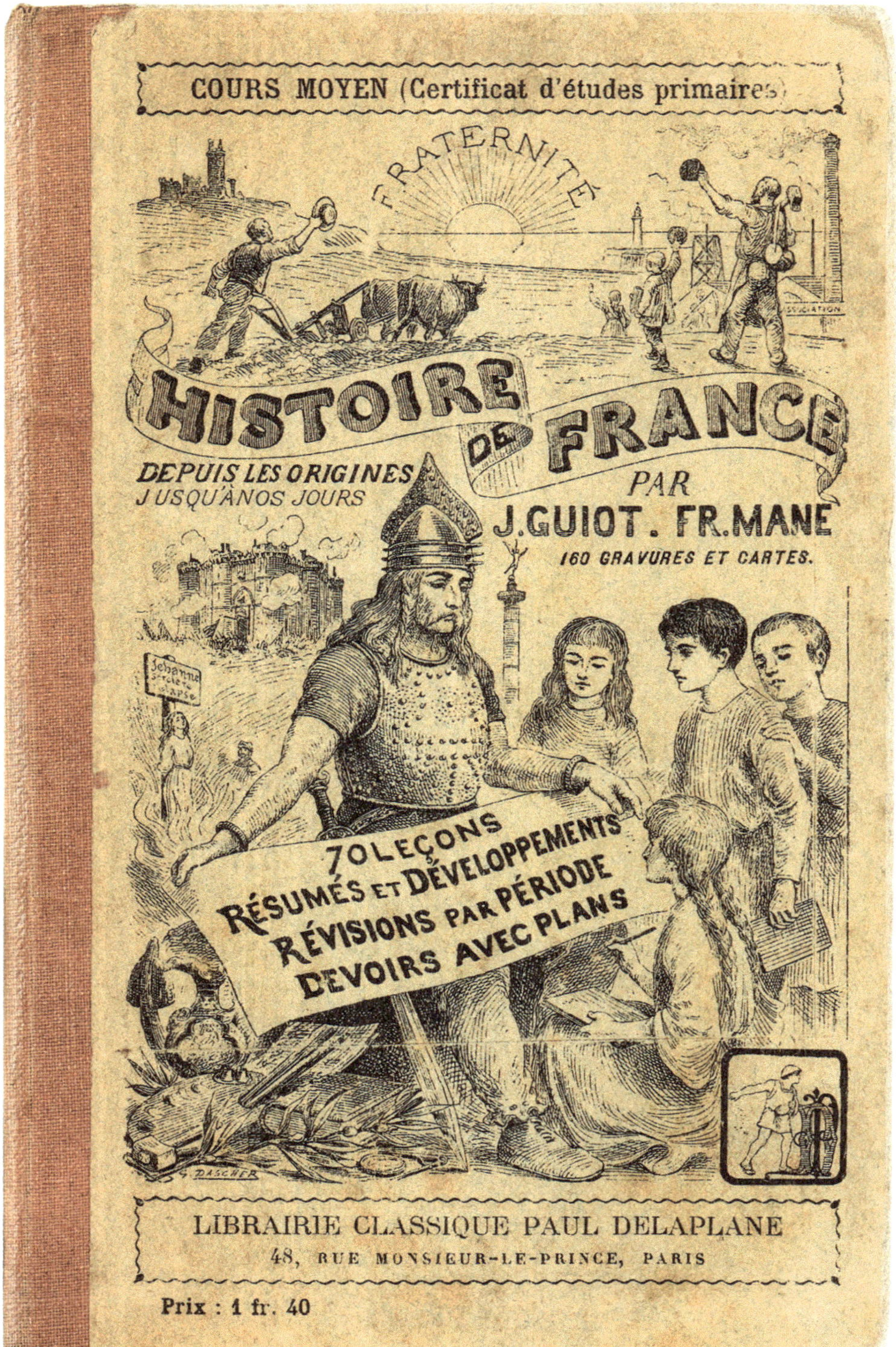

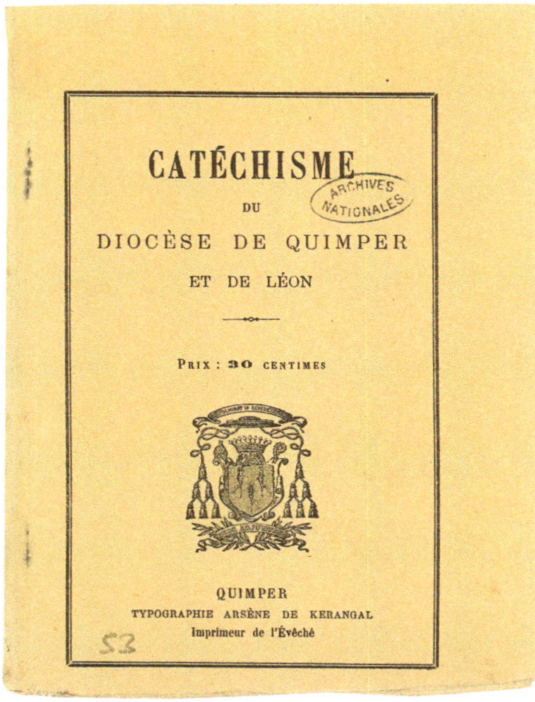
CATÉCHISME
DU
DIOCÈSE DE QUIMPER
ET DE LÉON

PRIX : 30 CENTIMES

QUIMPER
TYPOGRAPHIE ARSÈNE DE KERANGAL
Imprimeur de l'Évêché

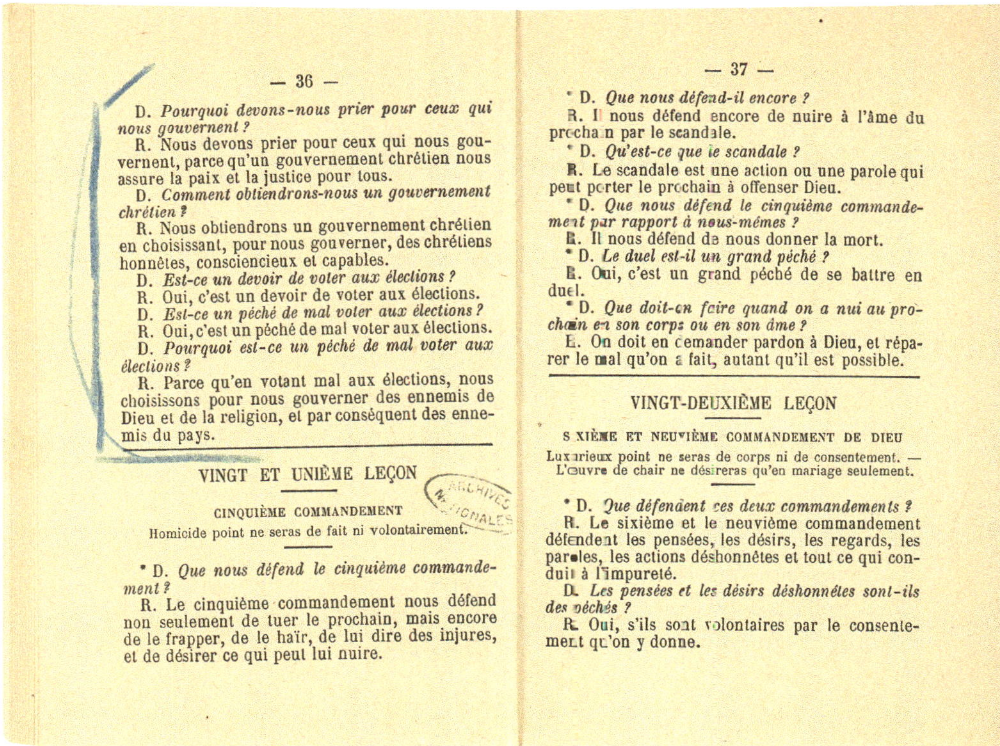
— 36 —

D. *Pourquoi devons-nous prier pour ceux qui nous gouvernent ?*
R. Nous devons prier pour ceux qui nous gouvernent, parce qu'un gouvernement chrétien nous assure la paix et la justice pour tous.
D. *Comment obtiendrons-nous un gouvernement chrétien ?*
R. Nous obtiendrons un gouvernement chrétien en choisissant, pour nous gouverner, des chrétiens honnêtes, consciencieux et capables.
D. *Est-ce un devoir de voter aux élections ?*
R. Oui, c'est un devoir de voter aux élections.
D. *Est-ce un péché de mal voter aux élections ?*
R. Oui, c'est un péché de mal voter aux élections.
D. *Pourquoi est-ce un péché de mal voter aux élections ?*
R. Parce qu'en votant mal aux élections, nous choisissons pour nous gouverner des ennemis de Dieu et de la religion, et par conséquent des ennemis du pays.

VINGT ET UNIÈME LEÇON

CINQUIÈME COMMANDEMENT
Homicide point ne seras de fait ni volontairement.

* D. *Que nous défend le cinquième commandement ?*
R. Le cinquième commandement nous défend non seulement de tuer le prochain, mais encore de le frapper, de le haïr, de lui dire des injures, et de désirer ce qui peut lui nuire.

— 37 —

* D. *Que nous défend-il encore ?*
R. Il nous défend encore de nuire à l'âme du prochain par le scandale.
* D. *Qu'est-ce que le scandale ?*
R. Le scandale est une action ou une parole qui peut porter le prochain à offenser Dieu.
* D. *Que nous défend le cinquième commandement par rapport à nous-mêmes ?*
R. Il nous défend de nous donner la mort.
* D. *Le duel est-il un grand péché ?*
R. Oui, c'est un grand péché de se battre en duel.
* D. *Que doit-on faire quand on a nui au prochain en son corps ou en son âme ?*
R. On doit en demander pardon à Dieu, et réparer le mal qu'on a fait, autant qu'il est possible.

VINGT-DEUXIÈME LEÇON

SIXIÈME ET NEUVIÈME COMMANDEMENT DE DIEU
Luxurieux point ne seras de corps ni de consentement. — L'œuvre de chair ne désireras qu'en mariage seulement.

* D. *Que défendent ces deux commandements ?*
R. Le sixième et le neuvième commandement défendent les pensées, les désirs, les regards, les paroles, les actions déshonnêtes et tout ce qui conduit à l'impureté.
D. *Les pensées et les désirs déshonnêtes sont-ils des péchés ?*
R. Oui, s'ils sont volontaires par le consentement qu'on y donne.

92 *Catéchisme du diocèse de Quimper et Léon*, Quimper, imp. chez A. de Kérangal, s.d. [début du XXe siècle]
Archives nationales, ministère de l'Intérieur, direction des Cultes, F/19/2564

« Pourquoi est-ce un péché de mal voter aux élections ? Parce qu'en votant mal aux élections, nous choisissons pour nous gouverner des ennemis de Dieu et de la religion, et par conséquent des ennemis du pays. »

93 Plan d'un projet de mosquée à Paris par Ambroise Baudry, architecte, mars 1896

Archives nationales, ministère de l'Intérieur, direction des cultes, F/19/10934, dossier 1

Le culte musulman n'est reconnu qu'en Algérie, à partir de 1830, où il est financé par l'État, qui succède ainsi au suzerain ottoman : il entretient les mosquées et lieux de culte, et rémunère les imams, muftis, sacrificateurs, gardiens, etc. En France, plusieurs projets visant à établir une mosquée à Paris sont proposés au gouvernement, dont celui de 1895-1896, porté par le Comité de l'Afrique française. La construction de la Grande Mosquée de Paris, près du Jardin des Plantes, débute en 1922.

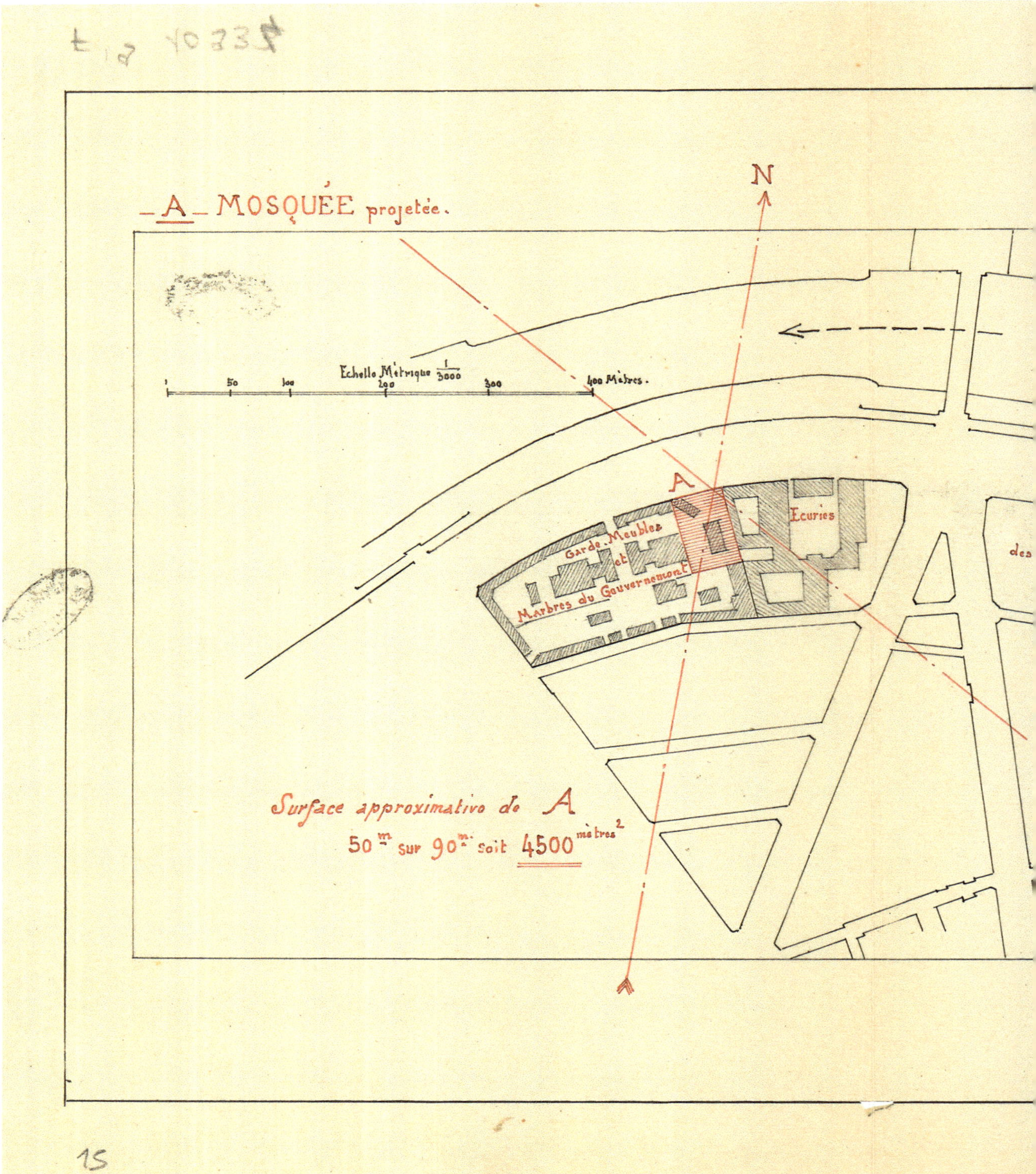

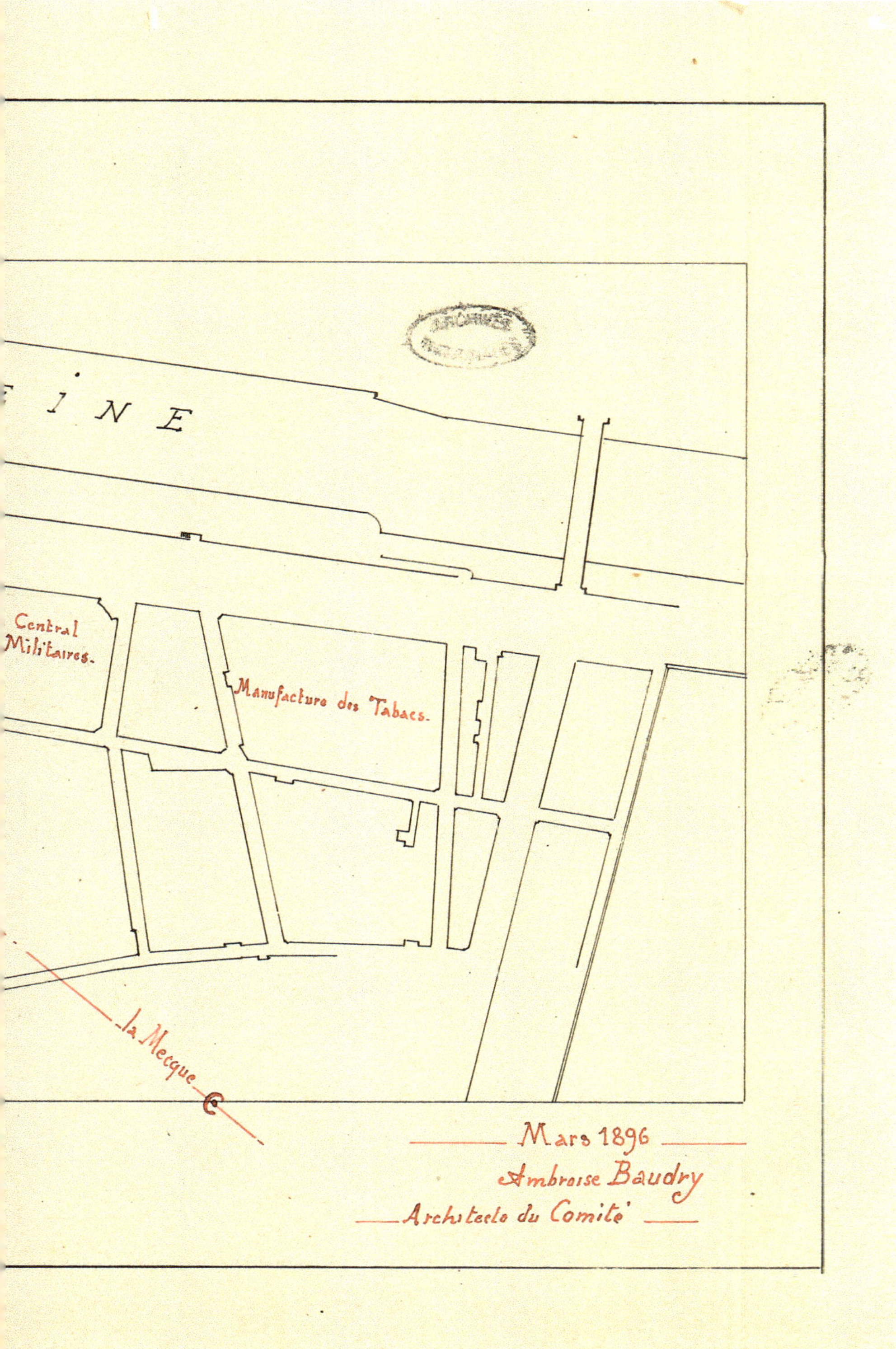
Central
Militaires.
Manufacture des Tabacs.
la Mecque
Mars 1896
Ambroise Baudry
Architecte du Comité

PRÉSIDENCE
DE LA
RÉPUBLIQUE

Secrétariat Général

PARIS, le 19 février 1968.

N O T E

à l'attention du Général de GAULLE

- Problèmes posés par la demande de reconnaissance légale présentée par certaines congrégations.

Des sondages ont été faits par les représentants de certaines congrégations pour déterminer si le Gouvernement serait disposé à leur accorder la reconnaissance légale prévue par l'article 13 de la loi du 1er juillet 1901 modifiée par l'acte dit loi du 8 avril 1942, toujours en vigueur.

C'est ainsi qu'à la demande du Révérend Père de GAULLE, trésorier de la province de France des Pères Blancs, j'ai été amené à recevoir le Père provincial de cette congrégation et son adjoint. Des contacts analogues ont été pris au niveau du Cabinet du Premier Ministre et du bureau des Cultes du ministère de l'Intérieur. En outre, la congrégation des Sacrés-Coeurs de Picpus -à la suite notamment du voyage du Président de la République en Polynésie- fait des démarches pressantes pour récupérer, par un bail emphytéotique, une partie des biens qui lui appartenaient autrefois.

.../

94 Note à l'attention du général de Gaulle sur la restitution de biens séquestrés aux congrégations religieuses, 19 février 1968

Archives nationales, Papiers des chefs de l'État, général de Gaulle, AG/5(1)/2254, p. 1 et 3

Bernard Ducamin, conseiller technique à la présidence, évoque le sort des congrégations « qui ne représentent plus un danger pour le pays », s'attirant ainsi une remarque ironique du Général (en marge) : « En ont-elles jamais représenté un ? » Elle dévoile le regard d'un conservateur catholique qui s'est accommodé de la séparation des Églises et de l'État tout en désapprouvant la politique violemment antireligieuse des gouvernements radicaux de la IIIe République.

Il est certain que toute mesure en ce sens soulèvera des remous dont l'ampleur est difficile à prévoir. Tout dépendrait de l'orchestration qui serait faite par les états-majors des partis d'opposition car, en profondeur, l'affaire a certainement perdu de son acuité. On peut même admettre que la plupart des Français ignorent qu'une bonne partie des congrégations existant en France sont dans des situations irrégulières. Beaucoup seraient étonnés d'apprendre que, si tel bâtiment d'enseignement était exproprié (l'hypothèse n'est pas théorique) pour des motifs d'urbanisme, la congrégation qui l'utilise ne percevrait pas l'indemnité, celle-ci étant versée à la Caisse des Dépôts et Consignations. En tout état de cause, on peut se demander si ce ne serait pas à l'honneur de la V° République, qui a su prendre à bras le corps un problème aussi difficile que celui de l'enseignement privé, de donner un statut régulier à des institutions qui ne représentent plus un danger pour le pays et qu'il n'est pas décent, alors que plus de 50 ans ont passé, de maintenir en dehors du cadre juridique prévu à leur endroit.

en ont-elles jamais représenté un ?
C.G.

Si une décision de principe favorable était prise, un premier dossier pourrait être immédiatement réglé, celui des Soeurs de l'Immaculée Conception de Bordeaux. Il pourrait être traité, le cas échéant, avec une grande discrétion.

BDucamin

B. DUCAMIN

95 Vitrail de la nouvelle basilique Saint-Martin de Tours, 1905

Ce vitrail représente les vicissitudes connues par la basilique Saint-Martin de Tours, bâtie sur le tombeau de saint Martin, « l'apôtre des Gaules » : le pillage et la dispersion des reliques de ce dernier par les protestants en 1562, la Révolution, enfin la démolition de l'ancien édifice roman sous l'Empire. Une nouvelle église, de style néo-byzantin, est construite à partir de 1886. Ce vitrail, réalisé au moment de la séparation des Églises et de l'État, est offert à saint Martin « pour le supplier de défendre l'Église de France ».

le musée le plus audacieux

Pages 2 et 3

ARTS

lettres spectacles musique

N° 1.008. – 2 au 8 juin 1965. – 2 francs

L'ART SACRE A LA BROCANTE

Cette image est un symbole, celui du scandale que constitue l'épuration massive des églises de France, entreprise par une grande partie du nouveau clergé, au mépris des lois civiques et religieuses. Scandale doublé d'un sacrilège : c'est ce que révèle la transformation en niche à chien d'un tabernacle du XVII siècle — il provient de l'église d'Aurignac (Lot-et-Garonne). L'Église et l'État commencent à s'émouvoir d'une situation aussi grave que celle-là qui concerne toute la France et qui fait peser sur le patrimoine sacré les dangers les plus immédiats. Un coup d'arrêt est indispensable, si l'on veut sauver l'intégrité des sanctuaires catholiques, menacés par une rénovation qui ressemble à s'y méprendre à une révolution (page 32, l'article d'Ivan Christ).

M. KNOEDLER et Cie

Quarante tableaux d'une collection privée

ORGANISÉE PAR LE SYNDICAT D'INITIATIVE DE RENNES

EXPOSITION

Elemer Vagh Weinmann

GALERIE LA CAVE

MICHEL MOUSSEAU

PEINTURES

GALERIE AMBRE, 33, rue Mazarine-VI°. - DAN. 69-12

MARIO D'ODORICO

CHEFS-D'ŒUVRE DU MUSÉE DE L'HOMME

PALAIS DE CHAILLOT

96 Couverture de la revue *Arts* dénonçant un « scandale doublé d'un sacrilège » : la destruction du patrimoine sacré « par une grande partie du nouveau clergé », 2-8 juin 1965

Charenton-le-Pont, Médiathèque du patrimoine et de la photographie, fonds de la Sauvegarde de l'art français, I/2018/33/21

La photographie d'illustration, représentant le tabernacle de l'église d'Aurillac transformé en niche à chien, a été communiquée à la revue *Arts* par l'association La Sauvegarde de l'art français. Créée au lendemain de la Première Guerre mondiale, elle se trouve un nouveau cheval de bataille dans les années 1960 : la protection du patrimoine religieux… contre le « vandalisme » de la frange la plus progressiste du clergé.

Liberté d'expression et croyance aujourd'hui

Nathalie Droin

Avant même la loi de 1905 sur la séparation des Églises et de l'État, les nouvelles autorités républicaines avaient jugé, dans la célèbre loi du 29 juillet 1881 sur la presse, que la liberté d'expression et la liberté de religion impliquaient la libre critique des religions et que ne devaient plus être poursuivis les individus qui livraient une opinion sur celles-ci, soit *via* un discours critique sur les dogmes et les rites, soit *via* un dessin ou une caricature les tournant en dérision. Le rapporteur du projet de loi à la Chambre des députés, Eugène Lisbonne, rappelait ainsi ces mots prononcés sous la Restauration par l'avocat Dupin (aîné) : « C'est une étrange manie que celle des hommes qui prétendent se constituer les vengeurs de la divinité. Les Anciens, qui n'avaient pas le bonheur de connaître le vrai dieu, avaient dans leur philosophie mondaine une maxime plus large [...] : il faut laisser aux dieux le soin de se venger eux-mêmes[1]. »

Ces principes semblaient bien acquis dans nos usages judiciaires jusqu'à ce que, au tournant des années 1980-1990, avec le regain de quelques radicalités religieuses, certains groupes de pression tentent de réintroduire le délit de blasphème. Cela a notamment été le cas d'associations de défense des intérêts religieux, qui ont lancé des actions judiciaires contre des œuvres supposées blasphématoires. C'est dans le cadre de ce contentieux que les tribunaux français ont pendant un temps instauré un délit civil d'offense aux sentiments religieux. L'affaire du film *Ave Maria*, de Jacques Richard (1984), a été le catalyseur de ce mouvement. Elle mettait en cause son affiche, qui représentait une jeune fille sur une croix, pieds et poings liés, la poitrine très largement dévoilée. Saisi de sa suppression en référé, le juge avait considéré que « la représentation du symbole de la croix dans des conditions de publicité tapageuse et en des lieux de passage public forcé constitue un acte d'intrusion agressive et gratuite dans le tréfonds intime des croyances de ceux qui, circulant librement sur la voie publique et ne recherchant aucun contact ou colloque singulier avec une œuvre ou un spectacle déterminés, se voient, hors toute manifestation de volonté de leur part, nécessairement et brutalement confrontés à une manifestation publicitaire et commerciale contestable et trompeuse, constitutive en tout état de cause d'un trouble manifestement illicite[2] ». Ce faisant, le juge admettait que cette publicité constituait un outrage aux sentiments religieux, ce qui lui avait permis d'ordonner sa lacération.

Cette jurisprudence, qui fait du droit au respect des croyances religieuses un droit autonome devant être concilié avec la liberté d'expression, a été confirmée à plusieurs reprises par la Cour de cassation avant 2000, notamment dans l'affaire dite de *La Dernière Tentation du Christ* (1988), du nom du film de Martin Scorsese[3] – même si, dans cette espèce, elle avait refusé de prononcer l'interdiction de l'œuvre, estimant que le croyant pouvait s'abstenir de s'exposer au trouble (fig. 84) en n'allant pas voir le film. Certes, l'objectif des juges était de protéger les croyants et non Dieu lui-même, mais il faut bien admettre que, ce faisant, ils contrevenaient à l'esprit de la loi de 1881.

Cette dérive a néanmoins pris fin avec le revirement de jurisprudence de la Cour de cassation, opéré en 2000, qui juge depuis de façon constante que tout délit d'expression doit être prévu par la loi sur la liberté de la presse (injure, diffamation, provocation à la haine)[4]. Si cette évolution est conforme à la lettre de la loi du 29 juillet 1881, il faut reconnaître que la Cour européenne des droits de l'homme n'est pas tout à fait sur la même position : elle s'est longtemps montrée beaucoup plus protectrice des croyances religieuses[5]. En dépit de récentes décisions témoignant de la recherche d'un plus juste équilibre entre la liberté d'expression et la protection des convictions religieuses, la jurisprudence européenne a, pendant un certain temps, inspiré des décisions peu libérales aux juridictions françaises. Ces décisions ont suscité quelques craintes pour la liberté d'expression dans le domaine des questions religieuses, qui ont rendu nécessaire une clarification du positionnement des juges français. Désormais, depuis la mise au point de la Cour de cassation réalisée dans les années 2000 et destinée à éviter tout risque de réintroduire un délit de blasphème, le juge prend bien soin de préciser que, si l'offense aux croyants est sanctionnée (ou du moins peut l'être), l'offense aux croyances, religieuses ou non, doit être tolérée afin d'éviter de faire renaître la structure politique des religions dans une république laïque. La situation en France repose donc aujourd'hui sur cette distinction essentielle.

La pénalisation de l'offense aux croyants

Notre République laïque, qui consacre la liberté de croire et de ne pas croire, a souhaité afficher une parfaite neutralité en matière religieuse et s'est engagée à ne pas créer de discrimination envers les religions. Lorsque, en 1972, la question de la lutte contre certaines formes de discrimination a conduit le législateur à adopter de nouveaux délits d'expression (loi

Pleven), il s'est bien gardé de toucher à la libre critique des opinions religieuses, considérant que le respect de la liberté religieuse ne peut aller jusqu'à interdire de critiquer les religions. C'est ce qui explique qu'il ait fait le choix de ne sanctionner que l'injure, la diffamation ou encore la provocation à la discrimination, haine ou violence envers une personne ou un groupe de personnes à raison de leur appartenance religieuse. C'est une position respectueuse du principe de laïcité, dans la mesure où la répression du blasphème suppose la reconnaissance de l'existence d'un dieu, ce qui est impossible dans un État laïque comme la France. C'est également une position respectueuse du principe d'égalité, dans la mesure où la répression du blasphème ne concerne que les « ennemis » de la religion mais ne permet pas d'appréhender des propos religieux au motif qu'ils seraient considérés comme offensants pour un athée. Ainsi, elle constitue une incrimination discriminatoire qui protège le seul sentiment religieux au détriment du sentiment laïque.

Aux termes de la loi, pour que le propos offensant ou provocant soit appréhendé, il faut une victime ou un groupe de victimes identifié ou identifiable. Cela ne doit pas véritablement surprendre, notamment pour les délits d'injure et de diffamation, qui sont, avant toute chose, des infractions contre des personnes. Ce critère est loin d'être accessoire ou insignifiant. Il permet en effet de libérer l'expression dès lors qu'une personne ou un groupe de personnes n'est pas visé. De ce fait, il est possible de s'exprimer librement dans le domaine des idées, de critiquer n'importe quel dogme, conviction ou doctrine religieuse. Une telle exigence évite en quelque sorte le basculement de ces délits vers la redoutable catégorie des délits d'opinion : ici, ce n'est pas une opinion qui est sanctionnée mais bien une attaque contre une personne ou un groupe de personnes.

Les juges sont assez rigoureux sur cette question du groupe visé dans la mesure où ils exigent que le propos rejaillisse sur la totalité de la communauté pour que l'infraction soit constituée. Ainsi, si seule une catégorie de personnes appartenant au dit groupe est visée, le propos ne tombe pas sous le coup de la loi. Tel a notamment été le cas dans l'affaire des caricatures de Mahomet : pour rejeter les poursuites dirigées contre Philippe Val, alors directeur de la publication de *Charlie Hebdo*, les juges du fond ont considéré que les trois caricatures poursuivies ne visaient pas l'ensemble des musulmans mais uniquement les intégristes, ceux « qui, au nom de l'islam, pratiquent des actes terroristes ». Dès lors, parce qu'elles visent clairement « une fraction et non l'ensemble de la communauté musulmane, [elles] ne constituent pas l'injure, attaque personnelle et directe dirigée contre un groupe de personnes en raison de leur appartenance religieuse, et ne dépassent pas la limite admissible de la liberté d'expression[6] ». En revanche, dès lors que l'ensemble du groupe est visé, les juges français estiment le délit constitué.

La Cour de cassation sait néanmoins ménager une certaine souplesse. Elle a notamment précisé que devaient être appréciés les éléments intrinsèques mais aussi extrinsèques aux propos poursuivis. À titre d'illustration, dans une affaire qui concernait un tract mis en ligne en 2017 par les organisations Riposte laïque et Résistance républicaine, et comportant les mots « Islam assassin, islam dehors » inscrits sur le fond d'un dessin représentant du sang et un poignard ainsi qu'une mosquée, elle a censuré l'arrêt d'appel, jugeant que les quatre mots poursuivis ne permettaient pas à eux seuls de considérer qu'ils visaient l'ensemble des musulmans plutôt que leur religion. Selon elle, les juges du fond auraient dû mieux rechercher si les éléments extrinsèques – tels que le dessin accompagnant les propos poursuivis ou le texte le suivant – n'étaient pas de nature à conférer aux propos le caractère d'une exhortation à la haine ou à la violence à l'encontre de la communauté des musulmans dans son ensemble, personnes définies par leur appartenance religieuse et présentées comme animées par un esprit de conquête[7]. Ce faisant, elle indique implicitement que l'atteinte à une communauté dans son ensemble peut être établie à l'aide de la méthode du faisceau d'indices. Elle invite donc à un examen approfondi du contenu afin de déterminer si, en arrière-plan, ne se dissimulent pas les traces de propos offensant les croyants.

Ainsi, ce qui importe n'est pas de savoir si c'est l'ensemble de la communauté qui est visé, mais de savoir si la personne ou le groupe de personnes est visé compte tenu de ses convictions religieuses. Concilier la protection de la liberté d'expression et le respect des croyants n'est donc pas toujours aisé, ce qui a pu conduire les juges du fond à sanctionner des injures à la religion sur le fondement de l'injure envers une personne ou un groupe de personnes à raison de leur appartenance religieuse, rompant ainsi avec la volonté du législateur de 1881 ainsi qu'avec l'esprit même de la loi du 1er juillet 1972. La haute juridiction a néanmoins su faire preuve de fermeté pour fixer une frontière désormais bien établie entre les attaques personnelles et directes contre une personne ou un groupe de personnes à raison de leur religion, qui sont sanctionnées, et le blasphème, qui, lui, continue à ne pouvoir être poursuivi.

La légalité de l'offense aux croyances

Si, aujourd'hui, il est acquis que l'offense aux croyances doit rester libre, cette position n'a toutefois pas été unanimement partagée dans un passé récent. Deux affaires ont notamment été au cœur d'une divergence de vues entre les juges.

La première, l'affaire dite de la Sainte-Capote (2003), concernait un prospectus annonçant une manifestation d'information et de prévention du sida intitulée « La nuit de la Sainte-Capote » et sur lequel figurait un dessin représentant une religieuse et un angelot muni d'un arc et d'une flèche pointant deux préservatifs, accompagné de la légende suivante : « Sainte Capote, protège-nous. » Les juges du fond ont condamné les auteurs du tract au titre du délit d'injure envers un groupe de personnes à raison de leur appartenance à une religion déterminée, considérant que l'association entre la religieuse, le préservatif et l'expression « Sainte-Capote » constituait « un amalgame provocateur et de mauvais goût [...] ayant pu être ressenti comme une offense envers la communauté catholique en raison de sa croyance et de ses pratiques[8] ». Ils ont donc fait le choix de condamner des propos et des dessins qui tournent en dérision une religion.

La seconde affaire, dite de *La Cène* (2005), concernait quant à elle une affiche pour la campagne publicitaire de la marque de prêt-à-porter Marithé & François Girbaud, inspirée de l'œuvre de Léonard de Vinci portant ce titre. Elle représentait un groupe de jeunes femmes portant des habits de la marque à promouvoir, assises derrière une longue table, à l'instar des deux groupes de six apôtres qui figurent dans le tableau, et, en lieu et place du Christ, une autre jeune femme, ouvrant les mains dans le geste du partage en direction d'un jeune homme debout, dos nu et vêtu seulement d'un pantalon abaissé à mi-hanche. Ici, les juges du fond ont considéré que « la représentation d'une scène sacrée à seule fin d'une publicité commerciale peut, comme en l'espèce, faire outrage aux convictions religieuses[9] », condamnant dès lors le blasphème en se retranchant derrière l'injure aux catholiques. Ce faisant, ils ont rendu une décision totalement opposée à l'objectif de la loi du 1er juillet 1972.

Dans l'affaire de la Sainte-Capote, la haute juridiction a finalement censuré l'arrêt d'appel au motif que, si les propos heurtaient la sensibilité de certains catholiques adeptes de mouvements intégristes, ils n'outrepassaient pas les limites admissibles à la liberté d'expression. En outre, elle a rejeté le caractère offensant du visuel litigieux, considérant que le tract était humoristique et dénué d'intention malveillante, « la représentation incriminée s'inscriv[ant] en tout état de cause dans le cadre d'une libre polémique politique[10] ». Dans l'affaire de *La Cène*, elle a de nouveau fait prévaloir la liberté d'expression sur la sensibilité de certains catholiques en considérant que le visuel litigieux n'était qu'une simple « parodie de la forme donnée à la représentation de la Cène » et ne constituait pas une « attaque personnelle et directe contre un groupe de personnes à raison de leur appartenance religieuse[11] ».

La nouvelle tendance plus favorable à la liberté d'expression, illustrée par les affaires précitées à partir du tournant de l'an 2000, permet de mieux comprendre les décisions prises par les juges du fond dans l'affaire dite des caricatures de Mahomet publiées dans *Charlie Hebdo* en 2006. Cette affaire aux conséquences tragiques pose la question de savoir si la critique satirique peut être considérée, dans une société laïque, comme une injure religieuse. S'appuyant sur le principe de laïcité, le tribunal de Paris a déclaré « qu'en France, société laïque et pluraliste, le respect de toutes les croyances va de pair avec la liberté de critiquer les religions quelles qu'elles soient et avec celle de représenter des sujets ou des objets de vénération religieuse; que le blasphème, qui outrage la divinité ou la religion, n'y est pas réprimé, à la différence de l'injure dès lors qu'elle constitue une attaque personnelle et directe contre une personne ou un groupe de personnes à raison de leur appartenance[12] ». Il fait en outre l'éloge de la caricature, qui remplit une « fonction sociale éminente et salutaire ». Partant, il considère que les deux premières caricatures – celle du dessinateur Cabu, montrant le prophète Mahomet se tenant la tête dans les mains et se lamentant : « C'est dur d'être aimé par des cons », et la reproduction d'une des caricatures publiées dans le journal danois qui a mis le feu aux poudres, représentant le Prophète accueillant des terroristes sur un nuage en leur lançant : « Stop stop nous n'avons plus de vierges ! » – ne visent pas les adeptes de la religion musulmane dans son ensemble mais uniquement les intégristes, ce qui rappelle le raisonnement énoncé dans l'affaire dite de la Sainte-Capote. Quant à la troisième caricature, présentant le Prophète coiffé d'un turban en forme de bombe au détonateur allumé, elle est regardée « comme participant à la réflexion dans le cadre d'un débat d'idées sur les dérives de certains tenants d'un islam intégriste ayant donné lieu à des débordements violents » ; si bien que, en dépit de son caractère blessant pour la sensibilité des musulmans, « elle ne constitue pas une injure justifiant, dans une société démocratique, une limitation du libre exercice du droit d'expression ». La cour d'appel de Paris est venue confirmer le jugement rendu tout en alignant la justification pour les trois caricatures, considérant que la dernière, comme les deux autres, ne peut viser « l'ensemble des musulmans, mais seulement ceux qui au nom de leur religion commettent des actes criminels[13] ».

Profitant de ce revirement des juges du fond, l'Assemblée plénière de la Cour de cassation est venue entériner l'interprétation stricte des limitations à la liberté d'expression, et plus spécifiquement de l'injure, dans une autre affaire[14]. En 2002, Dieudonné, alors candidat à l'élection présidentielle, avait déclaré dans un hebdomadaire local : « Pour moi, les juifs, c'est une secte, une escroquerie. C'est une des plus graves parce que c'est la première. » Dans cette espèce, tandis que les juges du fond avaient relaxé l'humoriste, la haute juridiction a considéré que les propos constituaient « une injure visant un groupe de personnes à raison de son origine, dont la répression est une restriction nécessaire à la liberté d'expression dans une société démocratique », au motif que c'est bien la communauté juive dans sa globalité qui était visée et non la religion juive. Dès lors, il s'agissait non pas d'une injure religieuse, mais d'une injure dirigée contre les Juifs à raison de leur religion et qui, à ce titre, devait être sanctionnée. Pour saisir son apport, il faut rapprocher cette décision de celle rendue en faveur de l'écrivain Michel Houellebecq, poursuivi pour avoir affirmé : « La religion la plus con, c'est quand même l'islam. » Dans cette espèce, le tribunal correctionnel de Paris a considéré que les propos ne constituaient pas un délit, au motif que « l'utilisation du superlatif démontre [...] qu'aux yeux du prévenu, toutes les religions méritent d'être affublées de ce qualificatif, mais à des degrés différents, [et que] l'appréciation ainsi portée concerne donc uniquement une religion considérée comme un système de pensée et comparée à d'autres[15] ». Ainsi, lorsque les propos visent à mettre en cause un système de pensée, ils ne peuvent pas être condamnés au titre de l'injure publique commise à l'encontre d'un groupe de personnes en raison de leur appartenance religieuse.

Pour conclure, il convient de souligner que pas plus qu'il n'existe de délit de blasphème religieux en France, il n'existe de délit de « blasphème républicain ». Cette appellation est souvent accolée au délit d'outrage au drapeau et à l'hymne national, dont l'introduction avait été souhaitée, en 2010, par le gouvernement Fillon afin de mettre fin à l'impunité dont bénéficiaient les auteurs d'outrage au drapeau et à *La Marseillaise* lors de matchs de football. Afin de ne pas exhumer le crime de « lèse-République », comme jadis, sous la Révolution, le crime de lèse-nation, le législateur a fait le choix de ne sanctionner que les outrages au drapeau et à l'hymne, et non à l'ensemble des symboles républicains, commis au cours d'une manifestation organisée ou réglementée par les autorités publiques. Saisi de la constitutionnalité du délit, le Conseil constitutionnel a introduit une réserve d'interprétation, précisant que « sont exclus du champ d'application de l'article critiqué les œuvres de l'esprit, les propos tenus dans un cercle privé, ainsi que les actes accomplis lors de manifestations non organisées par les autorités publiques ou non réglementées par elles », et ajoutant que l'expression « manifestation réglementée par les autorités publiques » doit « s'entendre des manifestations publiques à caractère sportif, récréatif ou culturel se déroulant dans les enceintes soumises par les lois et règlements à des règles d'hygiène et de sécurité en raison du nombre de personnes qu'elles accueillent[16] ». Ainsi, si le respect dû à certains symboles républicains est une limite sérieuse et valable à la liberté d'expression, le législateur et le juge constitutionnel ont pris grand soin de circonscrire cette ingérence afin de ne pas aller jusqu'à sanctionner systématiquement la dégradation des signes de l'autorité républicaine; incrimination qui était notamment prévue par le décret des 11 et 12 août 1848 relatif à la répression des délits de presse.

1
Rapport d'Eugène Lisbonne du 5 juillet 1880, *Journal officiel*, 18 juillet 1880, Chambre des députés, annexe n° 2865, p. 8297.

2
Tribunal de grande instance de Paris, référé, 23 octobre 1984, *D.*, 1985, p. 31 et suiv.; confirmé par la cour d'appel de Paris, 26 octobre 1984, *Gazette du Palais*, 1984, p. 727 et suiv.

3
Cass. civ. 1re, 29 octobre 1990, *Bull. civ.*, n° 226.

4
Cass. ass. plén., 12 juillet 2000 [2 arrêts], n° 98-11.155 et n° 98-10.160.

5
Cour européenne des droits de l'homme (CEDH), 20 septembre 1994, Otto-Preminger Institut c. Autriche, série A, n° 295-A; CEDH, 25 novembre 1996, Wingrove c. Royaume-Uni, Rec., 1996-V.

6
Tribunal de grande instance de Paris, 17e chambre, 22 janvier 2007, *JCP, G*, 2007, II, 10079.

7
Cass. crim., 16 mars 2021, n° 20-83.325.

8
Tribunal de grande instance de Toulouse, 29 avril 2004, confirmé par la cour d'appel de Toulouse, 12 janvier 2005, *Légipresse*, 2005, n° 222-I, p. 17.

9
Cour d'appel de Paris, 8 avril 2005, *D.*, 2005, p. 1326 et suiv. (note Patrice Rolland).

10
Cass. crim., 14 février 2006, n° 05-81.932.

11
Cass. civ. 1re, 14 novembre 2006, n° 05-15.822 et n° 05-16.001.

12
Voir note 6.

13
Cour d'appel de Paris, 12 mars 2008, *Légipresse*, 2008, n° 252-III, p. 107 et suiv. (note Henri Leclerc).

14
Cass. ass. plén., 16 février 2007, n° 06-81.785.

15
Tribunal de grande instance de Paris, 17e chambre, 22 octobre 2002, *Légipresse*, 2003, n° 198-I, p. 12.

16
Conseil constitutionnel, n° 2003-467 DC, 13 mars 2003, « Loi pour la sécurité intérieure ».

La critique de la religion est la condition première de toute critique.

Karl Marx, *Contribution à la critique de la philosophie du droit de Hegel*, 1843

Vers une remise en cause de la liberté d'expression ?

Amable Sablon du Corail
Jacques de Saint Victor

À partir des années 1980, la parenthèse libérale qui semblait faire l'unanimité au sein de la population française a commencé à se refermer petit à petit. L'élan de liberté qui avait caractérisé le débat en matière religieuse et qui, malgré certains excès au départ, avait forgé cette manière singulière de s'entretenir en France des choses de la Cité, où les croyants sont protégés mais pas la croyance, s'est trouvé remis en cause. Les questions d'outrage à la religion sont revenues sur le devant de la scène dans un pays qui se veut pourtant le plus laïque de tout le monde occidental. Les raisons expliquant cette évolution sont multiples. Elles tiennent notamment à un retour du religieux (ou à un recours instrumental au religieux). La fin des « grands récits » à partir de l'échec de l'idéal révolutionnaire a condamné les hommes, disait François Furet, « à vivre dans le monde où nous vivons[1] ». Les esprits ont d'abord cru que ces temps nouveaux seraient marqués par le triomphe du droit et du marché, une « fin de l'histoire[2] » pronostiquée par Francis Fukuyama. Mais ni le droit ni le marché ne peuvent prendre « conscience de ce qui manque[3] », avait prédit Jürgen Habermas. C'est pourquoi le discours religieux a, dans les replis et les contradictions de la mondialisation capitaliste, repris de sa force. Ce retour du religieux en a surpris plus d'un, notamment en France, où certains avaient pronostiqué la « fin de la religion ». Mais, comme l'a écrit le penseur trotskiste Daniel Bensaïd : « Quand la politique est à la baisse, la théologie est à la hausse[4]. »

Les notions de sacrilège et plus encore de blasphème ont donc fait leur retour en force dans le débat médiatique français à partir des années 1980. Elles ont d'abord été portées par des associations intégristes catholiques, au début des années 1980, puis par des groupes islamistes à partir de la fin des années 1980 (affaire de la fatwa iranienne contre Salman Rushdie, accusé de blasphème contre le Prophète). Cette nouvelle offensive dévote a été portée d'abord par certains juristes, estimant qu'il fallait reconnaître « le droit pour chacun d'être protégé contre les atteintes *abusives*[5] portées à ses convictions religieuses ou philosophiques[6] ».

De manière tout à fait frappante, ce projet d'étendre la liberté de conscience au « respect des croyances » reprenait celui de certains députés de la droite ultra-catholique dans les années 1880 pour s'opposer aux réformes scolaires puis à la loi sur la liberté de la presse[7]. La Cour de cassation a mis fin le 12 juillet 2000 en assemblée plénière à ces errements et cette « révolution du droit de la liberté d'expression » (Henri Leclerc) annonce l'esprit des décisions à venir dans les affaires Houellebecq (2002) et *Charlie Hebdo* (2007)[8].

Toutefois, ces certitudes juridiques se trouvent contestées sur le plan théorique par l'offensive de certains groupes ou intellectuels, souvent de formation anglo-saxonne, qui tiennent un discours sur la « blessure » assez proche de celui des ligues catholiques du XIXe siècle pour en tirer de nouvelles déductions. Par exemple, l'anthropologue de l'université de Berkeley Saba Mahmood, désireuse avec d'autres collègues de développer une « conception critique » de la liberté d'expression, précise avoir été « impressionnée par la peine personnellement ressentie et exprimée par de nombreux musulmans pratiquants[9] » à propos des caricatures de *Charlie Hebdo*. Ce constat lui permet d'affirmer que « le blasphème à l'encontre de l'image de Mahomet est ainsi une offense à l'encontre du statut de personne au sein de l'islam[10] », associant la caricature au racisme. Ce discours converge avec une nouvelle conception de la laïcité, se disant plus « ouverte », qui s'est diffusée au début des années 1980. À cette époque, la France faisait figure d'exception en Europe, avec la persistance d'un laïcisme militant alors même que son principal adversaire, l'Église romaine, avait opéré sa mue à partir des années 1960 avec le concile Vatican II et n'était plus cet ennemi résolu de la modernité qu'elle avait été à l'époque du *Syllabus* en 1864. Après le « tournant séparatiste » serait venu le « modèle partenarial[11] ». Mais cette « laïcité ouverte » a été profondément prise à contrepied peu après par la montée des franges radicales d'une autre religion, qui se sont affrontées à l'État laïque avec une ardeur nouvelle (fig. 97).

Les autorités républicaines ont d'abord été prises de vertige dans les années 2000 – à commencer par la droite, qui souhaitait peut-être sortir de cet esprit laïque inspiré dans les années 1880 par la gauche républicaine[12]. Dès 1989, Jacques Chirac, alors maire de Paris, avait notamment exprimé son mépris pour Salman Rushdie, pourtant menacé de mort par une fatwa de l'ayatollah Khomeini, affirmant qu'il n'avait « aucune estime pour lui ni pour les gens qui utilisent le blasphème pour se faire de l'argent, comme ce fumiste – je pèse mes mots – qui s'appelle Scorsese, l'auteur d'un navet, *La Dernière Tentation du Christ*. Quand on déchaîne l'irrationnel, il ne faut pas s'étonner de la suite des choses[13]. » Les principes républicains se trouvent dès lors sommés de respecter les dogmes religieux. On a vu ainsi certains parlementaires de l'UMP proposer d'« interdire les

97 Les chefs d'État à Paris lors de la marche républicaine du 15 janvier 2015

En réaction aux attentats perpétrés contre la rédaction de *Charlie Hebdo* et contre un supermarché casher à Vincennes, les manifestations du 11 janvier 2015 ont réuni 3,7 millions de personnes dans toutes les villes de France, dont 1,3 à 1,5 million à Paris, d'après le ministère de l'Intérieur.

propos et les actes injurieux contre toutes les religions» et «la banalisation du blasphème religieux par voie de caricature[14] ». L'auteur de cette dernière proposition de loi affirmait même qu'elle était destinée à «permettre une intégration la plus pacifiée et la plus efficace possible» des musulmans. Il s'agissait donc de remettre en cause la laïcité de l'État afin d'aider des populations particulières, ainsi assignées à leur identité religieuse, à mieux s'intégrer... dans la République laïque. Projet assez peu logique...

Ébranlé par les événements sanglants de la séquence 2010-2020, le camp conservateur finit par revenir à la défense d'une «laïcité à la française» pour échapper à toutes les formes nouvelles de «chantage à la blessure» religieuse. *A contrario*, le combat pour la laïcité devient suspect dans une partie du camp progressiste. La théorie trotskiste de l'alliance de la radicalité révolutionnaire et de l'islamisme, ouvertement prônée par certains théoriciens[15], tourne le dos à un siècle et demi d'émancipation, où le discours révolutionnaire entendait sauver le peuple des idéologies religieuses, jugées alors rétrogrades.

Est-ce à dire qu'un État laïque peut vivre indépendamment de toute forme de «sacralité»? Évidemment non, dans la mesure où le sacré n'est pas synonyme de religieux et représente les valeurs sur lesquelles une communauté repose. La communauté laïque française entend protéger certains symboles de l'unité nationale, ou les expressions du «patrimoine de l'humanité», ou encore les œuvres d'art prises pour cible par des groupes d'activistes. Mais est-il encore possible de trouver un «sacré commun» dans la société contemporaine?

1
François Furet, *Le Passé d'une illusion. Essai sur l'idée communiste au XXe siècle*, Paris, R. Laffont/Calmann-Lévy, 1995, p. 572.

2
Francis Fukuyama, *La Fin de l'histoire et le Dernier Homme*, Paris, Flammarion, 1992.

3
Jürgen Habermas, «Une conscience de ce qui manque. Les liens de la foi et de la raison», *Esprit*, mai 2007, p. 5-13.

4
Daniel Bensaïd, «Retours de la question politique», *Lignes*, nos 23-24, 2007, p. 56.

5
Nous soulignons.

6
Gérard Cornu, *Droit civil. Introduction. Les personnes. Les biens*, Paris, Éditions Montchrestien, 1980, p. 182.

7
Voir dans cet ouvrage Jacques de Saint Victor, «La République et "l'outrage à la religion", de la Révolution de 1789 à la loi Pleven», p. 134-136.

8
Voir dans cet ouvrage Nathalie Droin, «Liberté d'expression et croyance aujourd'hui», p. 170-171.

9
Talal Asad, Wendy Brown, Judith Butler et Saba Mahmood, *La critique est-elle laïque? Blasphème, offense et liberté d'expression*, Lyon, PUL, 2015, p. 89.

10
Ibid., p. 95.

11
Sur cette perspective historique, voir l'intéressante synthèse de Philippe Portier, *L'État et les religions en France. Une sociologie historique de la laïcité*, Rennes, Presses universitaires de Rennes, 2016.

12
On lira aussi Pierre Manent, qui met en cause la laïcité dans son analyse des événements de la fatidique année 2015: *Situation de la France*, Paris, Desclée de Brouwer, 2015.

13
«L'affaire des "Versets sataniques". M. Chirac renvoie dos à dos les auteurs d'appels au meurtre et Salman Rushdie», *Le Monde*, 2 mars 1989.

14
Proposition de loi no 2895 présentée par Jean-Marc Roubaud, 28 février 2006, et proposition de loi no 2993 présentée par Éric Raoult, 29 mars 2006.

15
Chris Harman dans son pamphlet *Le Prophète et le Prolétariat* (1994).

C’est la politique,
plus que la religion,
qui a rendu la religion
intolérante.

Jules Simon,
La Liberté de conscience, 1867

98 Un mannequin à l'effigie d'Emmanuel Macron, président de la République, brûlé le 24 avril 2023 à Grenoble, place Notre-Dame

99 Une toile de Vincent van Gogh exposée à la National Gallery de Londres aspergée de soupe à la tomate par des militantes écologistes du groupe Just Stop Oil, 14 octobre 2022

100 Couverture du magazine *Marianne*, 30 octobre 2020

Bibliographie

Éric ANCEAU, *Laïcité, un principe. De l'Antiquité au temps présent*, Paris, Passés composés, 2022.

Jean BAUBÉROT, *La Laïcité, quel héritage? De 1789 à nos jours*, Genève, Labor et Fides, 1990.

Jean BAUBÉROT, *L'Intégrisme républicain contre la laïcité*, La Tour-d'Aigues, Éditions de l'Aube, 2006.

Olivier BEAUD, *La République injuriée. Histoire des offenses au chef de l'État de la IIIe à la Ve République*, Paris, PUF, 2019.

Philipp BENEDICT, *Le regard saisit l'histoire. Les guerres, massacres et troubles de Tortorel et Perrissin*, trad. de l'anglais par Anna Alvarez, Genève, Droz, 2012.

Christophe BEYELER, « Guerre graphique en Europe: caricature et propagande sous Napoléon », p. 16-29, dossier « Par le burin et le pinceau », *Revue du souvenir napoléonien*, nº 501, octobre-décembre 2014, p. 11-35.

Christophe BEYELER, « Un vase de Sèvres orné de deux scènes de Napoléon thaumaturge: une pièce majeure pour le futur musée Napoléon Ier », rubrique « Événements. Enrichissement des collections », *La Revue des musées de France. Revue du Louvre*, nº 5, 2015, p. 7-10.

Christophe BEYELER, *Napoléon. L'art en majesté. Les collections du musée Napoléon Ier au château de Fontainebleau*, Paris, Éditions de Monza et château de Fontainebleau, 2017.

Marc BLOCH, *Les Rois thaumaturges. Études sur le caractère surnaturel attribué à la puissance royale particulièrement en France et en Angleterre* [1924], Paris, Gallimard, 1983.

Jacques-Olivier BOUDON, *Religion et politique en France depuis 1789*, Paris, Armand Colin, 2007.

Alain BOUREAU, *La Religion de l'État. La construction de la République étatique dans le discours théologique de l'Occident médiéval (1250-1350)*, Paris, Les Belles Lettres, 2006.

Michel BRISACIER, *La Foi du Général*, Montrouge, Nouvelle Cité, 1998.

Alain CABANTOUS, *Histoire du blasphème en Occident, XVIe-XIXe siècles*, Paris, Albin Michel, 1998.

Roger CAILLOIS, *L'Homme et le Sacré*, Paris, PUF, 1939.

Jean-Marie CARBASSE, « Sécularisation et droit pénal », *Droits*, vol. 60, nº 2, 2014, p. 13-38.

Anne CAROL, *La Mise en pièces de Gambetta. Autopsie d'un corps politique*, Grenoble, Jérôme Millon, 2022.

Jean-François CHEMAIN, *Une autre histoire de la laïcité*, Versailles, Via Romana, 2013.

Jacques CHEYRONNAUD *et alii*, *Critique et affaires de blasphème à l'époque des Lumières*, Paris, Honoré Champion, 1998.

Jacques CHIFFOLEAU, « Sur le crime de majesté médiéval », *Genèse de l'État moderne en Méditerranée*, Rome, École française de Rome, 1993, p. 183-213.

Olivier CHRISTIN, « Quand les idoles avouent leurs crimes: l'iconoclasme en Europe (1520-1620) », dans Véronique Castagnet, Olivier Christin et Naïma Ghermani (dir.), *Les Affrontements religieux en Europe du début du XVIe au milieu du XVIIe siècle*, Villeneuve-d'Ascq, Presses universitaires du Septentrion, 2008, p. 20-31.

Concise Companion to the Jewish Religion [1999], Oxford University Press, 2003, version électronique.

Denis CROUZET, *Les Guerriers de Dieu. La violence au temps des troubles de religion (vers 1525-vers 1610)*, Seyssel, Champ Vallon, 1990.

Jean DELUMEAU (dir.), *Injures et blasphèmes*, Paris, Imago, 1989.

Guillaume DOIZY et Jean-Bernard LALAUX, *À bas la calotte! La caricature anticléricale et la séparation des Églises et de l'État*, Paris, Alternatives, 2005.

Nathalie DROIN, *Les Limitations à la liberté d'expression dans la loi sur la presse du 29 juillet 1881. Disparation, permanence et résurgence du délit d'opinion*, Paris, LGDJ, 2010.

Annie DUPRAT, *Les Rois de papier. La caricature de Henri III à Louis XVI*, Paris, Belin, 2002.

Émile DURKHEIM, *Les Formes élémentaires de la vie religieuse* [1912], Paris, PUF, « Quadrige », 1985.

Mircea ELIADE, *Le Sacré et le Profane*, Paris, Gallimard, 1957.

Alain ERLANDE-BRANDENBURG, Michel FLEURY et François GISCARD D'ESTAING, *Les Rois retrouvés*, Paris, J. Cuénot, 1977.

Michel FAUQUIER et Jean-Luc VILLETTE, *Pratiques et croyances religieuses des Grecs à l'époque classique*, Huningue, PURD, 2022.

Marcel GAUCHET, *Le Désenchantement du monde. Une histoire politique de la religion*, Paris, Gallimard, 1985.

Thomas GERGELY, « Le blasphème selon la Thora et le Talmud », dans Alain Dierkens et Jean-Philippe Schreiber (dir.), *Le Blasphème. Du péché au crime*, Bruxelles, Éditions de l'Université libre de Bruxelles, 2012.

Patrice GUENIFFEY, *Bonaparte, 1769-1802*, Paris, Gallimard, 2013.

Ran HALÉVI, « La désacralisation de la royauté », dans Myriam Cottias, Laura Downs et Christiane Klapisch-Zuber (dir.), *Le Corps, la famille et l'État. Hommage à André Burguière*, Rennes, Presses universitaires de Rennes, 2010, en ligne, http://books.openedition.org/pur/104040.

Olivier HANNE, *L'Alcoran. Comment l'Europe a découvert le Coran*, Paris, Belin, 2019.

Jean-Louis HAROUEL, *Le Vrai Génie du christianisme*, Paris, J.-C. Godefroy, 2012.

Françoise HILDESHEIMER, « La répression du blasphème au XVIIIe siècle », dans *Injures et blasphèmes*, *Revue Mentalités*, n° 2, présenté par Jean Delumeau, Paris, Imago, 1989, p. 63-81.

Lucien JAUME, *Le Religieux et le politique dans la Révolution française. L'idée de régénération*, Paris, PUF, 2015.

Géraldine JENVRIN, « L'offense à l'islam dans le *Tafsīr* d'al-Qurṭubī », *Mélanges de l'Institut dominicain d'études orientales*, n° 33, 2018, p. 95-136.

Hans JOAS, *Les Pouvoirs du sacré. Une alternative au récit du désenchantement* [2017], Paris, Seuil, 2020.

Hans JOAS, *Comment naissent les valeurs* [1996], Paris, Calmann-Lévy, 2023.

Arlette JOUANNA, *Le Devoir de révolte. La noblesse française et la gestation de l'État moderne, 1559-1661*, Paris, Fayard, 1989.

Arlette JOUANNA, *Le Pouvoir absolu. Naissance de l'imaginaire politique de la royauté*, Paris, Gallimard, 2013.

Ernst KANTOROWICZ, *Les Deux Corps du roi. Essai sur la théologie politique au Moyen Âge* [1957], trad. de l'anglais par Jean-Philippe Genet et Nicole Genet, Paris, Gallimard, 1989.

Jacques KRYNEN, *L'Empire du roi. Idées et croyances politiques en France, XIIIe-XVe siècle*, Paris, Gallimard, 1993.

Jacqueline LALOUETTE, *La République anticléricale, XIXe-XXe siècles*, Paris, Seuil, 2002.

Alain LE BOULLUEC, *La Notion d'hérésie dans la littérature grecque, IIe-IIIe siècles*, 2 vol., Paris, Études augustiniennes, 1985.

Jacques LE GOFF (dir.), *Hérésies et sociétés dans l'Europe préindustrielle*, Paris, La Haye, Mouton et Cie, 1968.

Jacques LE GOFF, *Saint Louis*, Paris, Gallimard, 1996.

Bruno LEMESLE, *Procès en récit. Formes et perception de procès avant l'an mil (IXe-Xe siècles)*, Paris, Classiques Garnier, 2021.

Jean-Michel LENIAUD et Françoise PERROT, *La Sainte-Chapelle*, Paris, Nathan, CNMHS, 1991.

Nicolas LE ROUX, *Un régicide au nom de Dieu. L'assassinat d'Henri III*, Paris, Gallimard, 2006.

Corinne LEVELEUX-TEIXEIRA, *La Parole interdite. Le blasphème dans la France médiévale (XIIIe-XVIe siècles). Du péché au crime*, Paris, De Boccard, 2002.

Maurice LEVER, *Les Bûchers de Sodome. Histoire des infâmes*, Paris, Fayard, 1985.

Leonard W. LEVY, *Blasphemy. Verbal Offense Against the Sacred, from Moses to Salman Rushdie*, New York, A. A. Knopf, 1993.

Catherine MAIRE, *De la cause de Dieu à la cause de la Nation. Le jansénisme au XVIIIe siècle*, Paris, Gallimard, 1998.

Xavier MARÉCHAUX, « Les séquelles de la déchristianisation de l'an II : l'héritage laïc sous le Consulat et l'Empire », *Napoleonica. La Revue*, n° 3/15, 2012, p. 4-16.

Jean-Clément MARTIN, *Les Échos de la Terreur. Vérités d'un mensonge d'État*, Paris, Belin, 2018.

Didier MASSEAU, *Les Ennemis des philosophes. L'antiphilosophie au temps des Lumières*, Paris, Albin Michel, 2000.

Paul-Alexis MELLET, *Les Traités monarchomaques. Confusion des temps, résistance armée et monarchie parfaite (1560-1660)*, Genève, Droz, 2007.

Géraldine MUHLMANN, *L'Imposture du théologico-politique*, Paris, Les Belles Lettres, 2022.

Mona OZOUF, *La Fête révolutionnaire, 1789-1799*, Paris, Gallimard, 1976.

Alain PROVOST, *Domus diaboli. Un évêque en procès au temps de Philippe le Bel*, Paris, Belin, 2010.

Marie-France RENOUX-ZAGAMÉ, *Du droit de Dieu au droit de l'homme*, Paris, PUF, 2003.

Jean RICHARD, *Saint Louis, roi d'une France féodale, soutien de la Terre sainte*, Paris, Fayard, 1983.

Uri RUBIN, « The Assassination of Ka'b b. al-Ashraf », *Oriens*, n° 32, 1990, p. 65-71.

Jacques de SAINT VICTOR, *Blasphème. Brève histoire d'un crime imaginaire*, Paris, Gallimard, 2018.

Marwan SINACEUR, « Le Coran pour défaire le terrorisme : analyses empiriques et théologiques », dans Olivier Hanne (dir.), *#Djihad. Un état des savoirs religieux, historiques et sociaux*, Paris, Les Influences, 2023, p. 46-78.

Julien THÉRY, « Une hérésie d'État. Philippe le Bel, le procès des "perfides templiers" et la pontificalisation de la royauté française », *Médiévales*, n° 60, 2011, p. 157-185.

Dale K. VAN KLEY, *The Damiens Affair and the Unraveling of the Ancien Régime, 1750-1770*, Princeton, Princeton University Press, 1984.

Michel VOVELLE, *1793. La Révolution contre l'Église. De la Raison à l'Être suprême*, Bruxelles, Complexe, 1988.

Nicole ZEDDIES, *Religio et sacrilegium: Studien zur Inkriminierung von Magie, Häresie und Heidentum (4-7 Jahrhundert)*, Francfort-sur-le-Main, Peter Lang, 2003.

Monique ZERNER (dir.), *Inventer l'hérésie ? Discours polémiques et pouvoirs avant l'Inquisition*, Nice, Centre d'études médiévales, 1998.

Liste des items exposés

Première partie. L'invention d'un interdit

Blasphème et sacrilège dans le christianisme du Ier millénaire

Maître de Messkirch, *Le Christ devant Caïphe, dit autrefois Le Christ devant Pilate*, XVIe siècle (fig. 11)
Huile sur étain
Paris, musée du Louvre, INV 1949

Châsse-reliquaire émaillée de saint Étienne, deuxième quart du XIIe siècle (fig. 12)
Émail cloisonné de Limoges
Gimel-les-Cascades (Corrèze), église paroissiale Saint-Pardoux

Le sacrilège, crime politique

Guillaume de Nangis, *Vie de saint Louis*, vers 1275 (non repr.)
Paris, bibliothèque interuniversitaire Sainte-Geneviève, Ms 782, fol. 356v-357

Louis-Charles-Auguste Steinheil, relevé de peinture murale de la Sainte-Chapelle de Paris, 14e fenêtre de la nef au sud : *Les Rois*, vers 1850, d'après l'original de 1248
Livre des Rois, 11, 7 : *Salomon adorant les idoles avec les femmes étrangères* (fig. 17)
Aquarelle
Charenton-le-Pont, Médiathèque du patrimoine et de la photographie, G/80/151/16-45

Louis-Charles-Auguste Steinheil, relevé de peinture murale de la Sainte-Chapelle de Paris, 14e fenêtre de la nef au sud : *Les Rois*, vers 1850, d'après l'original de 1248
Livre de Samuel, 7, 3 : *Samuel ordonne la destruction des idoles* et *Idole brisée* (fig. 17)
Aquarelle
Charenton-le-Pont, Médiathèque du patrimoine et de la photographie, G/80/151/15-15, G/80/151/15-16

Couteau à trancher, dit « couteau de saint Louis », début du XIIIe siècle (fig. 26)
Acier, os
Abbaye de Longpont (collection particulière Montesquiou-Fezensac)

Bulle de Clément IV demandant à Louis IX de modérer sa sévérité à l'encontre des blasphémateurs, 12 août 1268 (fig. 18)
Archives nationales, Trésor des chartes des rois de France, J//360/B, n° 1

Cartulaire des frères des Billettes, miniature représentant le sacrilège du 12 avril 1290, début du XVIe siècle (fig. 27)
Archives nationales, AE/II/583

Rouleau de l'interrogatoire des témoins entendus par les commissaires chargés d'enquêter sur Guichard, évêque de Troyes, 1309 (fig. 20)
Archives nationales, Trésor des chartes des rois de France, J//438/B/6

Note de Guillaume de Nogaret présentant les charges pesant sur Bernard Saisset, évêque de Pamiers, et résumant la procédure engagée contre lui, 1301 (fig. 19)
Archives nationales, Trésor des chartes des rois de France, J//336, n° 9/1

Moulage du sceau de Louis X le Hutin, 1314 (fig. 28)
Archives nationales, D 49

Moulage du sceau de Jean le Bon, 1350 (fig. 29)
Archives nationales, D 58

Moulage du sceau de Jean de Berry, 1410 (fig. 30)
Archives nationales, D 421

J.-M. Weis (dessinateur) et J.-P. Le Bas (graveur), *Entrée royale de Louis XV à Strasbourg*, 1744 (fig. 31)
Archives nationales, Bibliothèque historique, H X 30

Antoine Marcourt, *Articles veritables sur les horribles, grandz & importables abuz de la messe papalle inventee directement contre la saincte Cene de Jesus Christ*, Neuchâtel, [imprimeur Pierre de Vingle], 1534 (fig. 24)
Lyon, musée de l'Imprimerie et de la Communication graphique, inv. 351

Jacques Tortorel et Jean-Jacques Perrissin (graveurs), *Le Massacre fait à Tours par la populace au mois de juillet 1562*, 1570 (fig. 32)
Société de l'histoire du protestantisme français, chrono XVI-36

« Le saccage de la cathédrale de Lyon par les protestants en 1562 », dans *De Tristibus Galliae carmen*, vers 1585 (fig. 2)
Lyon, bibliothèque municipale, Ms 156, fol. 3

Vase représentant trois épisodes de la vie de l'empereur Constantin : *La Rencontre de Constantin et d'Hélène* ; *Le Pape Sylvestre domptant l'hérésie* ; *La Destruction des idoles*, 1664-1671 (fig. 33)
Faïence bleue de Delft (Pays-Bas)
Sèvres – Manufacture et Musée nationaux, MNC 22413

Le blasphème au quotidien (XIVe-XVIIIe siècle)

Registre d'audience de la justice du Temple, 30 mars 1411-14 juillet 1420 (fig. 23)
Archives nationales, juridictions ordinaires royales et seigneuriales, Z/2/3756, fol. 136v-137

Arrêt rendu par le Parlement de Paris confirmant la condamnation à mort du chevalier de La Barre prononcée par le tribunal d'Abbeville, 4 juin 1766 (fig. 49)
Archives nationales, X/2b/1035/C, fol. 169

« Mémoire de ce qui est dut à Charles Sanson pour avoir my à execution la sentence de la Sénéchaussée de Ponthieu », 1766 (fig. 52)
Paris, Bibliothèque nationale de France, Joly de Fleury 418, fol. 169

Lettre de Voltaire à d'Alembert, 28 septembre 1763 (fig. 51)
Paris, Bibliothèque nationale de France, correspondance de Voltaire, NAF 24330, fol. 72v

Lettre de Voltaire à M. d'Hornoy, 25 janvier 1775 (fig. 50)
Paris, Bibliothèque nationale de France, NAF 27364, fol. 24

Pierre-Michel Alix, *Portrait de Voltaire, Collection des Grands Hommes*, publiée par Drouhin, 1791 (fig. 42)
Aquatinte
Paris, musée Carnavalet – Histoire de Paris, G.21820

Photographie du monument érigé en hommage au chevalier de La Barre, colline de Montmartre, square Nadar, Paris, 2001 (fig. 53)
Agence France-Presse

Charles-Louis de Montesquieu, *De l'esprit des loix, ou Du rapport que les loix doivent avoir avec la constitution de chaque gouvernement, les mœurs, le climat, la religion, le commerce, etc.: à quoi l'auteur a ajouté des recherches nouvelles sur les loix romaines touchant les successions*, 1748 (fig. 47)
Archives nationales, Bibliothèque historique, 4° O I 14

Deuxième partie. De la lèse-majesté à l'offense au chef de l'État

Contester l'autorité royale?

Nicolas Oresme, *De moneta*, inclus dans Jean Gerson, *Opera omnia*, tome IV, Cologne, Johann Koelhoff l'Ancien, 1484 (fig. 34)
Paris, bibliothèque interuniversitaire de la Sorbonne, INC 53, fol. 268v

François Hotman, *Francogallia*, 1573 (fig. 35)
Société de l'histoire du protestantisme français, R12087

François Hotman, *La Gaule francoise*, première édition française, éditée par Bertulphe à Cologne, 1574 (fig. 36)
Société de l'histoire du protestantisme français, R7832

Les sorceleries de Henry de Valois, et les oblations qu'il faisoit au diable dans le bois de Vincennes, s.l. [chez Didier Millot], 1589 (fig. 25)
Paris, Bibliothèque Mazarine, 8° 35295-20

Yves et Barret, *Mon musée des souverains: Henri III, le fondateur de la maison Sanfourche et l'inventeur des petits crevés*, s.d. [XIXe siècle] (non repr.)
Lithographie
Paris, musée Carnavalet – Histoire de Paris, QB.1838

Minute de l'arrêt du Conseil ordonnant l'écartèlement du corps de Jacques Clément, assassin d'Henri III, 2 août 1589 (non repr.)
Archives nationales, AE/II/744

Louis Chéron, *Allégorie sur la révocation de l'édit de Nantes*, vers 1700 (fig. 37)
Huile sur toile
Société de l'histoire du protestantisme français

Typus religionis, tournant du XVIe et du XVIIe siècle (fig. 41)
Huile sur toile
Archives nationales, AE/V/10

Charles Sevin de La Penaye, d'après Hyacinthe Rigaud, *Jacques-Bénigne Bossuet*, début du XVIIIe siècle (fig. 22)
Huile sur toile
Paris, Institut de France, dépôt du château de Versailles, MV 2923

Consternation de la France au sujet de l'attentat du 6 janvier 1757, 1757 (fig. 48)
Archives nationales, Bibliothèque historique, H II 23

Anonyme, *Supplice de Robert-François Damiens*, 1757 (fig. 39)
Eau-forte aquarellée
Paris, musée du Barreau de Paris

Sac de procédure contenant les pièces du procès de Damiens, vers 1757 (non repr.)
Toile de jute
Archives nationales, AE/V/2

Procès de Damiens. III. Interrogatoires des accusés et des témoins. Avis demandé à Jules-César Magne, chirurgien de la Charité, sur la manière de mettre et tenir les criminels à la question de la veille, 1757 (non repr.)
Paris, Bibliothèque nationale de France, Joly de Fleury 2070, fol. 60

Lettre adressée au roi par Damiens, 1757 (fig. 38)
Archives nationales, AE/V/7/2

Redingote ayant appartenu à Robert-François Damiens, vers 1757 (fig. 40)
Archives nationales, AE/V/2

Gant de peau ayant appartenu à Robert-François Damiens, vers 1757 (fig. 40)
Archives nationales, AE/V/5

Jean-Louis Prieur, *Retour de Varennes. Arrivée de Louis Capet à Paris, 25 juin 1791*, 1791 (fig. 45)
Eau-forte
Paris, musée Carnavalet – Histoire de Paris, G.28388

Testament olographe de Louis XVI, fait à la tour du Temple, signé « Louis », 1792 (fig. 71)
Archives nationales, AE/I/7/1

Testament de Louis XVI reproduit sous forme d'estampe, [1797] (non repr.)
Archives nationales, AE/II/3990/2

Hubert Robert, *La Violation des caveaux des rois dans la basilique de Saint-Denis en octobre 1793*, vers 1793 (fig. 3)
Huile sur toile
Paris, musée Carnavalet – Histoire de Paris, P 1477

Journal historique de l'extraction des cercueils de plomb des rois, reines, princes, princesses, abbés et autres personnes qui avaient leurs sépultures dans l'église de l'abbaye royale de Saint-Denis en France, 12 octobre-12 novembre 1793 (fig. 73)
Archives nationales, AE/I/15/12/B

Anonyme, *Momie d'Henri IV exhumée à la basilique royale de Saint-Denis*, XIXe siècle (non repr.)
Gravure
Paris, musée du Louvre, département des Arts graphiques, RF 5282.13, recto

Benjamin Duvivier, *Abolition des privilèges, 4 août 1789*, médaillon ayant appartenu à François Caprais de Brignon, député d'Auvergne à l'Assemblée nationale, et portant des marques d'exécration contre Louis XVI, 1789 (non repr.)
Cuivre
Paris, musée Carnavalet – Histoire de Paris, ND778

Tête de la galerie des rois de Juda de Notre-Dame de Paris, vandalisée sous la Révolution, vers 1220 (fig. 74)
Calcaire avec traces de polychromie
Paris, musée de Cluny - musée national du Moyen Âge, Cl. 23002

Mémoire en dépenses pour la suppression des figures et signes de la féodalité au temple de la raison, ci-devant Notre-Dame, 1793-1794 (fig. 75)
Archives nationales, Administration des travaux publics du département de Paris, F/13/962

Entre sacré et normalité

Bénédiction des drapeaux de la Garde nationale parisienne à Notre-Dame, 1789 (non repr.)
Papier, pierre noire, plume et encre brune, aquarelle rehaussée de blanc
Fondation Josée et René de Chambrun, 15.1.50

La Fête de la Fédération, 14 juillet 1790 (fig. 69)
Grand calendrier gravé et aquarellé, vendu par Basset
Fondation Josée et René de Chambrun

Copie d'une lettre du ministre des Contributions publiques au ministre de la Justice, 19 juillet 1793 (fig. 54)
Archives nationales, H//1445, p. 8

Dernier discours de Robespierre, 8 thermidor an II [26 juillet 1794] (non repr.)
Archives nationales, 683AP/1, pièce 12

Anonyme, *Le Retour d'Astrée. Allégorie de la Constitution de 1791*, 1791 (fig. 46)
Huile sur toile
Château de Fontainebleau, musée Napoléon Ier, don de la société Redex en mémoire de Serge Grandjean, directeur de la société Redex; de M. et Mme Jean-Pierre Cojan, ingénieurs; et de Juliette Glikman, historienne des idées politiques, F-2023.1

Pierre-Antoine Demachy, *La Fête de l'Être suprême, au Champ-de-Mars, le 20 prairial an II* [8 juin 1794], vers 1794 (fig. 55)
Huile sur toile
Paris, musée Carnavalet – Histoire de Paris, P81

Jean-Nicolas-Alexandre Brachard, *Buste de Bara*, 1794 (fig. 57)
Terre cuite
Sèvres – Manufacture et Musée nationaux, MNC23456

Pierre-Nolasque Bergeret, *Les Pestiférés de Jaffa*, 1807 (fig. 5)
Dessin préparatoire
Sèvres – Manufacture et Musée nationaux, 2012.1.5636.

Manufacture impériale de Sèvres et Pierre-Nolasque Bergeret, vase étrusque à larmier orné de deux scènes: « Napoléon touchant un invalide du bâton d'Esculape » et « Les Pestiférés de Jaffa », 1807 (fig. 58)
Porcelaine dure
Château de Fontainebleau, musée Napoléon Ier, F 2014.24

George Cruikshank, *Poisoning the Sick at Jaffa* [Empoisonnement des malades à Jaffa], dans William Combe, *The Life of Napoleon, a Hudibrastic poem in fifteen cantos, by Doctor Syntax*, 1817 (fig. 59)
Château de Fontainebleau, musée Napoléon Ier, F 2008.4

Charles Philipon, *Croquades faites à l'audience du 14 novembre (cour d'assises)*, 1831 (fig. 61)
Lithographie
Paris, musée Carnavalet - Histoire de Paris, legs Amédée Berger en 1881

La Caricature, 16 janvier 1834 (non repr.)
Paris, Bibliothèque historique de la Ville de Paris, 2-PER-0011

Deux têtes de pipes représentant Louis-Philippe, saisies au domicile de Pierre-François Meunier, 1836 (non repr.)
Terre cuite
Archives nationales, AE/V/157

Henri Meyer, « Les incidents d'Auteuil. Agression contre le président de la République », *Le Petit Journal*, 18 juin 1899, supplément du dimanche (fig. 62)
Paris, Bibliothèque nationale de France, FOL-LC2-3011

Miniature de la Citroën DS 19 dite du « Petit-Clamart », 2008 (non repr.)
Collection particulière

Notes envoyées et reçues par la présidence de la République sur l'opportunité de poursuivre des journaux pour offense au chef de l'État, 1963 (fig. 64)
Archives nationales, Papiers des chefs de l'État, général de Gaulle, AG/5(1)/2104

Lettre de la société Benoit-Guyot, à Lyon, demandant l'autorisation de laisser entrer en France des marionnettes du général de Gaulle retenues par les services des douanes, 7 mai 1968 (fig. 6)
Archives nationales, ministère de la Justice, direction des Libertés publiques et des Affaires juridiques, 19940560/13

Note adressée au directeur régional des Renseignements généraux de la 6e région au sujet de colis contenant des marionnettes en carton du général de Gaulle, 5 avril 1968 (non repr.)
Archives nationales, ministère de la Justice, direction des Libertés publiques et des Affaires juridiques, 19940560/13

Autocollant « Casse-toi pov' con », [après 2008] (fig. 65)

Troisième partie. Religions outragées

Religion et censure

Minute du projet de loi sur le sacrilège amendé par la Chambre des pairs, 18 février 1825 (fig. 78)
Archives nationales, Chambre des pairs, CC//363, dossier n° 237

Mademoiselle Denizart, *La Chambre mortuaire de Gambetta dans sa villa des Jardies, à Ville-d'Avray*, 18 janvier 1900 (d'après Jean-Charles Cazin, 1883) (fig. 89)
Huile sur toile
Paris, musée Carnavalet - Histoire de Paris, P 97

Œil de Léon Gambetta (1838-1882) (fig. 88)
Cahors, musée Henri Martin, Ca 5.115

Fichier des ecclésiastiques: fiche au nom de Félix Bodinier, vers 1880 (fig. 86)
Archives nationales, ministère de l'Intérieur, direction des Cultes, F/19/6555

Fichier des ecclésiastiques: fiche au nom de François-Xavier Blin, vers 1880 (non repr.)
Archives nationales, ministère de l'Intérieur, direction des Cultes, F/19/6555

Projet de budget pour le culte musulman, état nominatif du personnel des mosquées du département d'Alger, 1886 (non repr.)
Archives nationales, ministère de l'Intérieur, direction des Cultes, F/19/10935/A

Transmission par l'administration des Cultes au ministre des Affaires étrangères François Guizot d'une demande de la Société orientale de France pour l'établissement à Paris d'une mosquée, d'un collège et d'un cimetière musulmans, 1847 (non repr.)
Archives nationales, ministère de l'Intérieur, direction des Cultes, F/19/10934, dossier n° 1

Ambroise Baudry, plan d'un projet de mosquée à Paris, mars 1896 (fig. 93)
Archives nationales, ministère de l'Intérieur, direction des Cultes, F/19/10934, dossier n° 1

Lettre du procureur général près la cour d'appel de Pau au garde des Sceaux, 15 janvier 1912 (fig. 90)
Archives nationales, ministère de la Justice, correspondance de la division criminelle, BB/18/2307/2, dossier 881A05

À la recherche d'un équilibre

Julie Guiot [et] Frédéric Mane, *Histoire de France depuis les origines jusqu'à nos jours : 70 leçons, résumés et développements, révisions par période, devoirs avec plans : ouvrage illustré de 160 gravures et de cartes*, Paris, Librairie Classique Paul Delaplane, 1904 (fig. 91)
Archives nationales, Bibliothèque historique, PBR 734

A. de Kérangal (imp.), *Catéchisme du diocèse de Quimper et Léon*, Quimper, début du XXe siècle (fig. 92)
Archives nationales, ministère de l'Intérieur, direction des Cultes, F/19/2564, dossier Mgr Dubillard

Note à l'attention du général de Gaulle sur la restitution de biens séquestrés aux congrégations religieuses, 19 février 1968 (fig. 94)
Archives nationales, Papiers des chefs de l'État, général de Gaulle, AG/5(1)/2254

František Kupka, *Religions*, dans *L'Assiette au beurre*, n° 162, 7 mai 1904 (fig. 79)
Paris, musée d'Orsay, conservé au musée du Louvre, RF52492, recto

Tabernacle de l'église d'Aurignac transformé en niche à chien, décembre 1964 (non repr.)
Charenton-le-Pont, Médiathèque du patrimoine et de la photographie, fonds de la Sauvegarde de l'art français, I/2018/33/21-1

L'Art sacré à la brocante, couverture de la revue *Arts*, 2-8 juin 1965 (fig. 96)
Charenton-le-Pont, Médiathèque du patrimoine et de la photographie, fonds de la Sauvegarde de l'art français, I/2018/33/21-2

Carte postale représentant l'inventaire de l'église de Carentan, « 7 mars 1906, 3. Les soldats défoncent la porte à la hache », 1906 (fig. 81)
Archives départementales de la Manche, 6 Fi 99-447

Carte postale représentant l'inventaire de l'église de Carentan, « 7 mars 1906, 5. La porte est fracturée », 1906 (fig. 81)
Archives départementales de la Manche, 6 Fi 99-449

Procès-verbal de l'inventaire du mobilier de la cathédrale de Limoges, 1906 (fig. 80)
Charenton-le-Pont, Médiathèque du patrimoine et de la photographie, 80/7/3

Procès-verbal de l'inventaire du mobilier de la cathédrale de Chambéry, 1906 (non repr.)
Charenton-le-Pont, Médiathèque du patrimoine et de la photographie, 80/7/3

Éloge de la censure ?

René Ferracci, affiche du film de Jacques Rivette *Suzanne Simonin, la religieuse de Diderot*, 1967 (fig. 82)
Cinémathèque française, A055-030

Lettres échangées entre le secrétaire d'État à l'Information et le président de la Commission de contrôle des films cinématographiques au sujet du visa de *La Religieuse*, 1966 (fig. 83)
Archives nationales, Services du Premier ministre, sous-direction de l'audiovisuel et de l'action extérieure, 19870373/26

Lettre d'un « chrétien qui souffre » adressée à Jack Lang, ministre de la Culture, à l'occasion de la sortie du film *La Dernière Tentation du Christ*, 1988 (fig. 84)
Archives nationales, Centre national du cinéma, 20080010/40

Vu sur X (anciennement Twitter)

Les chefs d'État à Paris lors de la marche républicaine du 15 janvier 2015 (fig. 97)

Manifestation à Paris contre l'islamophobie, 10 novembre 2019 (fig. 9)
Agence France-Presse

La France de 2021 c'est 1 659 actes antireligieux (non repr.)
Coexister France

Manifestation à Paris de l'association Civitas, 29 octobre 2011 (fig. 7)
Agence française de presse

Terrorisme islamiste : les attaques en France depuis 2012 (non repr.)
Visa Actu

Tract contre la lesbophobie (fig. 8)
Sud Éducation

Conclusion

Un mannequin à l'effigie d'Emmanuel Macron, président de la République, brûlé place Notre-Dame, à Grenoble, 24 avril 2023 (fig. 98)
X (anciennement Twitter)

Une toile de Vincent van Gogh aspergée de soupe à la tomate par des militantes écologistes à la National Gallery de Londres, 14 octobre 2022 (fig. 99)
Just Stop Oil

Les Archives nationales sont un service à compétence nationale du ministère de la Culture. Elles sont chargées de la collecte, du classement, de la conservation, de la restauration, de la communication et de la valorisation des archives publiques et des services centraux de l'État (hors ministères de la Défense et des Affaires étrangères), des opérateurs nationaux, des minutes des notaires de Paris et des fonds privés d'intérêt national. Dans la perspective de partager avec le plus grand nombre la richesse des fonds dont elles ont la garde et de concourir à leur valorisation tant scientifique que culturelle, les Archives nationales développent, parmi leurs différentes actions, une politique de publication.
Cet ouvrage a été réalisé dans le cadre de l'exposition « Sacrilège! L'État, les religions et le sacré », présentée du 20 mars au 1er juillet 2024 au musée des Archives nationales (hôtel de Soubise, Paris).

Ouvrage

Sous la direction d'Amable Sablon du Corail et Jacques de Saint Victor

Les auteurs
Nathalie Droin, maîtresse de conférences en droit public, université de Bourgogne-Franche-Comté
Olivier Hanne, professeur agrégé à l'Académie militaire de Saint-Cyr Coëtquidan
Amable Sablon du Corail, responsable du département du Moyen Âge et de l'Ancien Régime, Archives nationales
Jacques de Saint Victor, professeur d'histoire du droit, université Sorbonne-Paris-Nord

Archives nationales
Claire Béchu, chargée de mission pour la diffusion scientifique
Marine Benoit-Blain, Alexandra Hauchecorne, Régis Lapasin, coordination éditoriale

MINISTÈRE DE LA CULTURE
Liberté
Égalité
Fraternité

ARCHIVES NATIONALES

Exposition

Bruno Ricard, directeur des Archives nationales
Marie-Françoise Limon-Bonnet, directrice des Fonds
Ghislain Brunel, directeur des Publics
Pierre Fournié, responsable du département de l'Action culturelle et éducative – musée des Archives nationales

Commissariat scientifique
Amable Sablon du Corail, responsable du département du Moyen Âge et de l'Ancien Régime, Archives nationales
Jacques de Saint Victor, professeur d'histoire du droit, université Paris 13

Commissariat technique
Alexandra Hauchecorne, chargée d'exposition, département de l'Action culturelle et éducative
Régis Lapasin, responsable du service des expositions, département de l'Action culturelle et éducative

Scénographie
Agence Græphème

Conception graphique
Camille Guitton et Andrea Mussard

Agencement
AP Concept Agencement

Impression
Félix & Co

Éclairage
Thierry d'Oliveira Reis

Matériel audiovisuel
Attitude Multimédia

Transports
Axal-Artrans SAS

Coordination et suivi du chantier
Atelier de montage, d'encadrement et de muséographie, département de l'Action culturelle et éducative
Jérôme Politi et son équipe: Agathe Castellini, Agata Cieluch, Raymond Ducelier, Christophe Guilbaud

Restauration des documents
Atelier de restauration, de reliure et de dorure, département de la Conservation
Bertrand Sainte-Marthe et son équipe: Paola Cantalini, Corinne Cheng, Nathalie Debrisay, Florence Foucart, Stéphane Garion, Audrey Guillet, Christian Jeanjean, Éric Laforest, Carole Lelièvre, Ludivine Leroy-Banti, Lucie Moruzzis, Valérie Parvais, Isabelle Scappazzoni, Adèle Steunou-Brunet, Karine Testard

Reproductions
Atelier de photographie, département de l'Image et du Son
Marc Paturange et son équipe: Carole Bauer, Alain Berry, Christelle Bordesoules, Nicolas Cantin, Rémi Champseit, Nicolas Dion, Stéphane Méziache, William Siméonin
Toutes les reproductions des documents des Archives nationales ont été réalisées par l'atelier de photographie.

Photothèque
Céline Gaudon, département de l'Image et du Son

Audiovisuel, prises de vue et animations
Département de l'Image et du Son: José Albertini et Nicolas Dion
Direction des Publics: Raphaëlle Vial

Programmation artistique et culturelle
Anne Rousseau, département de l'Action culturelle et éducative

Accompagnement pédagogique
Service éducatif, département de l'Action culturelle et éducative
Annick Pegeon, Gabrielle Grosclaude et leur équipe: Alan Becker, Marie de Bonnafos, Mélisande Morand, Annabelle Ohayon, Fabien Pontagnier, Claire Sèbe, Laurianne Stissi

Médiation
Séverine Delisle-Coignac, conférencière, département de l'Action culturelle et éducative

Communication
Service de la communication
Gérald Gauguier et son équipe: Michèle Arigot, Kloran Asselas, Pauline Berni, Laurent Champion-Sasiain, Nesma Kharbache, Léa Pinard, Grégory Teillet

Accueil et surveillance
Françoise Cochard et son équipe: Mostafa Anetri, Sylvie Bouvet, Naïma Chikh, Carole Claerhout, Aloys Cluzelle, Robert Ducrot, David Hibernie, Mohamed Kinane, Salomé Loufoua, Sylvain Loisse, Tina Massoua, Steve Mevil, Jessica Ornelas, Françoise Van Herreweghe, Lisa Vermiglio-Samoun

Prêteurs

Abbaye de Longpont
Andéol et Rosamée de Lacheisserie

Académie française
Amin Maalouf, secrétaire perpétuel ; Isabelle Noel, Anne-Claire de Poulpiquet

Archives départementales, Maison de l'histoire de la Manche, Saint-Lô
Jean-Baptiste Auzel, directeur ; Alexia Chenel

Bibliothèque historique de la Ville de Paris
Fabien Plazannet, directeur ; Ecaterina Petrescu

Bibliothèque interuniversitaire de la Sorbonne
Laurence Bobis, directrice ; Isabelle Diry-Löns, Juliette Jestaz, Sylvie Struyve

Bibliothèques Mazarine et de l'Institut
Yann Sordet, directeur ; Marianne Beyssere, Agnès Rico

Bibliothèque municipale de Lyon
Grégory Doucet, maire de Lyon ; Nicolas Galaud, directeur ; Delphine Guedra, Jérôme Sirdey

Bibliothèque nationale de France
Laurence Engel, présidente ; Marielle Bonnand, Cyrille Chazal, Maximilien Girard, Charles-Éloi Vial

Bibliothèque Sainte-Geneviève
François Michaud, directeur ; Nathalie Rollet-Bricklin

La Cinémathèque française
Frédéric Bonnaud, directeur ; Marie Naudin, Cécile Touret

Cité de la céramique – Sèvres et Limoges
René-Jacques Mayer, directeur général ; Anaïs Boucher, Sandrine Fitz, Viviane Mesqui

Château de Fontainebleau
Marie-Christine Labourdette, présidente ; Christophe Beyeler, Carine Thuillier

Commune de Gimel-les-Cascades
Alain Sentier, maire

Fondation Josée et René de Chambrun
Georges Renand, président ; Vincent Bouat-Ferlier, directeur

Musée Carnavalet – Histoire de Paris
Valérie Guillaume, directrice ; Christiane Dole, Valérie Fours, Claire Scamaroni, David Simonneau, Anne-Laure Sol

Musée de Cluny – musée national du Moyen Âge
Séverine Lepape, directrice ; Rachel Beaujean-Deschamps, Damien Berné

Musée du Barreau de Paris
Basile Ader, directeur ; Cindy Geraci

Musée Henri Martin, Cahors
Rachel Amalric, directrice ; Sabine Maggiani

Musée de l'Imprimerie et de la Communication graphique, Lyon
Joseph Belletante, directeur ; Hélène-Sybille Beltran

Musée du Louvre
Laurence des Cars, présidente-directrice ; Sébastien Allard, Valérie Corvino, Xavier Salmon, Christel Winling

Médiathèque du patrimoine et de la photographie, Charenton-le-Pont
Gilles Désiré dit Gosset, directeur ; Camille Duclert, Jean-Charles Forgeret

Société de l'histoire du protestantisme français
Isabelle Sabatier, présidente ; Martina Gromesova

Remerciements

Cette exposition et l'ouvrage qui l'accompagne n'auraient pas pu voir le jour sans le travail, l'aide et les conseils précieux de nombreuses personnes que nous souhaitons remercier ici.

Archives nationales
Faisoil Abdoulaziz, Isabelle Aristide, Pascale Bailly, Christophe Barret, Valérie Bataille, Guy Bernard, Clément Blanc, Alice de Bremond d'Ars, Isabelle Bretthauer, Jean-Yves Calmé, Violaine Challéat-Fonck, Corinne Charbonnier, Thierry Claerr, Frédéric Douat, Alexis Douchin, Bénédicte Fichet, Tiphaine Gaumy, Flore Hervé, Cécile Holstein, Nathalie Le Bec, Clotilde Le Forestier de Quillien, Sylvie Le Goëdec, Jean-François Lhoste, Karine Mallet-Monceau, Stéphanie Marqué-Maillet, Florence Mendy, Sabine Meuleau, Marc Morel, Jean-François Moufflet, Sébastien Nadiras, Michel Ollion, Maïa Pirat, Maria-Anne Privat, Geneviève Profit, Adrien Renaudet, Pascal Riviale, Aude Rœlly, Léonard Romeuf, Jocelyne Rosa, Thierry Sarmant, Jérôme Séjourné, Sébastien Studer, Sylvie Treille

Ainsi que Nolwenn Bogaert, Antoine Broussy, Raphaëlle Cartier, Véronique Chauvet, Felip Équy, Silvia Faccin, Philippine Juel, Éric Landgraf, Perrine Latrive, Sophie Le Goff, Fatima Louli, Bronwyn Mahoney, Marie Mauclaire, Marc Métais, Isabelle Michaux, Marc Montagne, Anita Oger-Leurent, Alexandre Poirier, Christophe Rambert, Claire Ribière, Yoann Rosic, Marie Soulard, Sébastien Tournadre, Maud Valegeas, Nicolas Vedelago et Thomas Wauthier

Cette exposition a bénéficié du généreux soutien de
La Maison du dessin de presse
Philippe Barbat, préfigurateur de la Maison du dessin de presse
Florian Chervalier, adjoint au préfigurateur

L'IDPS – Institut de droit public, sciences politiques et sociales, UFR DSPS, université Sorbonne-Paris-Nord
Marine They, directrice du laboratoire IDPS, Sorbonne-Paris-Nord
Isabelle Potier et Alexandre Goutagny, cellule recherche, UFR Droit, Sorbonne-Paris-Nord

Éditions Gallimard

Direction éditoriale
des livres illustrés
Nathalie Bailleux

Édition
Jean-François Colau

Relecture des textes
Sandra Pizzo

Directrice artistique
Anne Lagarrigue

Coordinateur beaux livres
Pascal Guédin

Graphiste (conception
et mise en pages)
Clara Sfarti

Cheffe de fabrication
Amélie Airiau

Presse
Béatrice Foti,
assistée de Laetitia Copin

Directeur du partenariat
Franck Fertille

Cheffe de projet
Manuele Destors

Coéditions
Mathilde Barrois

Crédits photographiques

Agence France-Presse/Thomas Coex: fig. 66;
Éric Feferberg: fig. 97; Bertrand Gardel/Hemis: fig. 53;
Benjamin Guillot-Moueix/Hans Lucas: fig. 9, 67;
Karine Pierre: fig. 67; s.a.: fig. 63; Joël Saget: fig. 7
Archives départementales de la Manche/
conseil départemental: fig. 81
Archives nationales/Christelle Bordesoules: fig. 75, 83, 84, 90, 92; Pôle image: fig. 19, 27, 28, 29, 30, 38, 41, 49, 71, 73, 118; William Siméonin: fig. 6, 18, 20, 23, 31, 40, 47, 48, 54, 65, 69, 85, 86, 91, 93, 94
Bibliothèque de l'université de Liège: fig. 34
Bibliothèque Mazarine et de l'Institut: fig. 25
Bibliothèque municipale de Lyon/Vincent Lefebvre: fig. 2
Bibliothèque nationale de France: fig. 1, 21, 35, 44, 50, 51, 52, 62, 76, 77
Bridgeman/Bildarchiv Steffens: fig. 14
Centre des monuments nationaux/
Benjamin Gavaudo: fig. 68
Centre international de recherches
sur l'anarchisme: fig. 87
Cinémathèque française/ADAGP: fig. 82
Domaine royal de Dreux, Fondation Saint-Louis: fig. 60
Fondation Josée et René de Chambrun: fig. 69
Fondazione Museo del Tesoro del Duomo e Archivio: fig. 13
Inventaire 59: fig. 26
Just Stop Oil: fig. 99
Marianne: fig. 100
Médiathèque du Patrimoine et de la Photographie: fig. 17, 80, 96
Musée Carnavalet – Histoire de Paris/Paris musées: fig. 3, 42, 45, 55, 61, 89
Musée de l'imprimerie de Lyon: fig. 24
Musée du Barreau: fig. 39
Musée Henri Martin: fig. 88
Région Centre-Val de Loire, Inventaire général/
Robert Malnoury: fig. 95
Région Nouvelle-Aquitaine, Inventaire général
du patrimoine culturel/Philippe Rivière: fig. 12
Réunion des musées nationaux – Grand Palais
  Beaux-Arts de Paris: fig. 10, 70
  Château de Fontainebleau/Gérard Blot: fig. 59;
  Sylvie Chan-Liat: fig. 46
  Château de Malmaison et Bois-Préau/Franck Raux: fig. 43
  Châteaux de Versailles et du Trianon: fig. 72
  Musée de Cluny – musée national du Moyen Âge/
  Jean-Gilles Berizzi: fig. 15; René-Gabriel Ojeda: fig. 74; Michel Urtado: fig. 16
  Musée des Beaux-arts de Dijon: fig. 56
  Musée du Louvre/Michel Urtado: fig. 11;
  Thierry Le Mage: fig. 79
  Musée national Jean-Jacques Henner/
  Franck Raux: fig. 4, 43
  Palais de l'Institut/Christophe Fouin: fig. 22
  Sèvres, manufacture et musées nationaux: fig. 5, 57;
  Stéphane Maréchalle: fig. 33
Société d'histoire du protestantisme français: fig. 32, 36, 37
Sud Éducation: fig. 8

Couverture:
D'après le moulage du *Génie de la Guerre*
de François Rude, vandalisé lors
d'une manifestation des Gilets jaunes
le 1er décembre 2018.
Photo © Centre des monuments nationaux/
Benjamin Gavaudo

Le papier de cet ouvrage est composé de fibres naturelles, renouvelables, recyclables et fabriquées à partir de bois provenant de forêts gérées durablement.

Ouvrage composé en Atlas Grotesk (Commercial Type)
et Apoc Normal (Blaze Type).
Papiers: Magno Natural 150 g/m² (intérieur);
Burano noir 320 g/m² (couverture)
Photogravure: Les Caméléons

ISBN Gallimard: 978-2-07-303845-6
ISBN Archives nationales: 978-2-86000-389-6
Cet ouvrage a été achevé d'imprimer
en février 2024 sur les presses de L.E.G.O.,
à Vicence (Italie).
Dépôt légal: mars 2024
Numéro d'édition: 614965